Card
Payment
Service

カード決済業務のすべて

ペイメントサービスの仕組みとルール

山本 正行 編著
Masayuki Yamamoto

一般社団法人 金融財政事情研究会

まえがき

　クレジットカードは我々の日常生活における必須アイテムの一つである。その発行枚数は我が国では人口を大きく超えて1人平均2枚保有する状況である。それに伴いクレジットカードに関心を寄せる人も増えており、これまで関連業務に従事する人のみ知る特殊知識であったものが、一般社会人から若年層まで多くの人たちの興味の対象となった。筆者は2006年から大学でクレジットカードの仕組みを教えているが、当初は「何となく興味があって」など曖昧な受講動機が多かったが、最近では「カードを使っておりその仕組みを知りたい」などより具体的な動機を示す学生が増えて驚いている。

　また、近年は「マルチ商法」、「出会い系サイト」などの詐欺的商法にクレジットカードが密接に絡むトラブル（消費者問題）も増えており悩ましい限りではあるが、いずれもクレジットカードが広く大衆化した結果といえよう。クレジットカードは今や多くの人の生活に根付き、今ではその存在を知らない人はいないといって過言ではないだろう。しかしその仕組みについて尋ねてみれば、詳しい人でも明確に答えられないことが多い。これほど普及していながら利用者にその仕組みが理解されていないサービスも珍しい。

　クレジットカードは巨大で複雑な装置産業であり、その仕組みは世界中に張り巡らされた決済ネットワークと加盟店に置かれた決済端末、カード会社のホストコンピュータなどによって構成される。ビジネス面ではイシュアー、アクワイアラー、加盟店、など難しい専門用語で表現される複数の

関係者(ステークホルダー)が登場し、そのために全体像が掴みにくい。

新たにクレジットカード業務に就く人、消費者問題に取り組む人など、業務上必然に迫られてクレジットカードを学ぶ人も増えているが、これまでは手がかりとなる文献が少なかったように思う。本書の執筆にあたり、そのような人たちの希望を少しでも満たすことができることを強く念頭に置いた。そのために複雑なシステムをひも解き、可能な限りの網羅性とわかりやすい解説に心がけたつもりである。

内容には至らない点もあるが、本書がクレジットカード業務を学ぶ人の教科書や、良きレファレンス(参照図書)となることを心から願いたい。

なお、本書の執筆に当たり、筆者は多くの方からご支援を賜り感謝の念に堪えない思いである。特にひとかたならぬご尽力を賜った月刊「消費者信用」浅見淳編集長、前川恭介記者(当時)、一部執筆をお願いした加藤 総氏、高田哲也氏、調査に快くご協力いただいた三井住友カード、ジェーシービー、ユーシーカード、南山美紀氏、NTTデータ、日本カードネットワーク、インテリジェントウェイブの皆さま、その他ご支援いただいた多くの皆様に心から謝意を表したい。

本書は月刊「消費者信用」に、2007年10月号から2009年7月号まで21回にわたり筆者が連載した「知らないでは済まされない、業界人のためのカード決済ネットワーク入門」をそのコンセプトはそのまま内容を一新したものである。

目次

第1章　決済カード業務の概要と実務

1-1　カードビジネスの仕組み … 2

- 1-1-1　カード取引を構成するプレイヤー … 2
- 1) カード取引とは … 2
- 2) 業法、主務官庁 … 2
- 3) 三者間取引 … 3
- 4) カード取引における契約関係 … 5
- 1-1-2　カード取引のフロー … 6
- 1) ショッピングの場合 … 7
- 2) キャッシング・預金引出し … 8
- 1-1-3　カードの種類 … 8
- 1) プロパーカードと提携カード … 9
- 2) プロパーカード … 10
- 3) 提携カード … 10
- 4) ハウスカード … 13
- 5) その他のカード（サブカード） … 13

1-2　イシュイング業務 … 15

- 1-2-1　入会・カード発行業務 … 15
- 1) 入会手続 … 15
- 2) 初期与信（スクリーニング） … 15
- 3) 発行業務 … 16
- 1-2-2　途上与信（モニタリング） … 17
- 1) メリット … 17
- 2) 業務の概要 … 19
- 3) 業法改正と与信業務 … 20
- 1-2-3　不正使用対策 … 28
- 1) 概要 … 28
- 2) 不正使用の手口 … 30

3）不正使用対策の概要 ･･ 32
   4）国際ブランドの不正使用防止策 ･･････････････････････････････････ 33
   5）カード会社の不正対策実務 ･･････････････････････････････････････ 36
   6）不正検知システム ･･ 37

1-3　アクワイアリング（加盟店）業務 ･･････････････ 39

   1-3-1　加盟店開拓 ･･ 40
   1）加盟店契約 ･･ 40
   2）加盟店契約の派生形態 ･･ 40
   【Column】マルチアクワイアリング発祥の経緯 ････････････････････････ 46
   3）加盟店の種類 ･･ 48
   4）加盟店の獲得（募集）方法 ･･････････････････････････････････････ 48
   1-3-2　加盟店審査 ･･ 49
   1）加盟時審査 ･･ 49
   2）途上審査 ･･ 50
   1-3-3　加盟店管理 ･･ 50
   1）加盟店管理の目的 ･･ 50
   2）割賦販売法改正に伴う加盟店管理の強化 ･･････････････････････････ 51
   3）加盟店管理の実務 ･･ 51
   4）加盟店管理業務の課題 ･･ 53
   1-3-4　加盟店債権の管理 ･･ 55
   1）債権管理の範囲 ･･ 55
   2）売上債権 ･･ 55
   3）買戻し特約などによる債権 ･･････････････････････････････････････ 57

第2章　カード決済ネットワークの概要と実務

2-1　国際ブランドの仕組みと運営 ･･････････････････ 60

   2-1-1　国際ブランドとは ･･ 60
   2-1-2　国際ブランドの運営 ･･ 60
   2-1-3　国際ブランドの組織 ･･ 61
   2-1-4　ビザ、マスターカードのブランド運営 ･･････････････････････････ 62
   1）ブランド資産：決済ネットワーク ････････････････････････････････ 62

- 2）地域制とメンバー制による合議プロセス …… 63
- 3）国際ブランドメンバー …… 64
- 4）ビザ、マスターカードの株式会社化 …… 66
- 2-1-5　JCB …… 66
- 2-1-6　アメックス …… 66
- 2-1-7　ダイナースクラブ …… 67
- 2-1-8　中国銀聯 …… 67

2-2　国際ブランドルール …… 68

- 2-2-1　例外なきブランドルール …… 68
- 2-2-2　カードフェイス …… 68
- 2-2-3　偽造防止用券面細工 …… 69
- 1）ホログラム …… 70
- 2）紫外線マーク …… 70
- 3）特殊文字 …… 71
- 4）接触型ＩＣチップ …… 72
- 【Column】ＥＭＶ化で形骸化しつつある偽造防止の役割 …… 73
- 5）セキュリティコード …… 74
- 2-2-4　不正防止のためのルール …… 74
- 1）対面決済における不正対策・ICカード化 …… 74
- 2）ICカード導入を目的とする「ライアビリティシフト」 …… 75
- 3）非対面決済における不正対策・認証サービス（３Ｄセキュア） …… 76

2-3　国際ブランドプロダクツ …… 79

- 2-3-1　ブランドロゴ付きペイメントカード …… 79
- 1）一般型ペイメントカード …… 79
- 2）即時決済型ペイメントカード …… 81
- 2-3-2　その他サービス …… 82
- 1）緊急カード発行サービス …… 83
- 2）プレミアムカードサービス …… 83
- 3）認証サービス …… 84

2-4　国際間の決済ネットワーク　85

- 2-4-1　国際ブランドを介したカード取引の仕組み　85
  - 1）インターチェンジシステム　85
  - 2）国際ブランドのアクワイアリング制度　85
- 2-4-2　国際ブランドを介したカード処理のフロー　86
  - 1）オーソリゼーション　89
  - 2）クリアリング（Clearing、売上精算）　89
  - 3）セツルメント（Settlement、清算処理）　90

2-5　国際ブランドを支える決済ネットワーク　91

- 2-5-1　国際ブランドの取引の実際　91
  - 1）ビザ　91
  - 2）マスターカード　91
  - 3）アメリカン・エキスプレス　93
  - 4）ダイナースクラブ・インターナショナル　93
  - 5）その他のブランド　94
- 2-5-2　グローバルＡＴＭサービス（PLUS、Cirrus）　95
  - 1）PLUSとCirrus　95
  - 2）イシュアーの収益とコスト　96
- 2-5-3　国際デビットカード　97
  - 1）国際デビットカードの概要　97
  - 2）国際デビットカードの特徴　98
  - 3）オンラインオーソリ専用デビットカード　100
- 2-5-4　国際プリペイドカード　101
  - 1）国際プリペイドカードの概要　101
  - 2）国際プリペイドカードの課題　101
- 2-5-5　国際ブランド取引にかかる手数料　102
  - 1）インターチェンジにかかる手数料　102
  - 2）インターチェンジフィー　103
  - 3）ブランドフィー　107
  - 4）加盟店手数料　107
- 2-5-6　チャージバック　108
  - 1）概要　108

- 2）チャージバック処理のフロー ………………………………………… 108
- 3）処理コストとオートチャージバック …………………………………… 111
- 4）国内相互取引におけるチャージバック ………………………………… 111

2-6　国内の決済ネットワーク …………………………………… 112

- 2-6-1　国内カード会社のシステム概要 ……………………………………… 112
- 2-6-2　情報処理センター ……………………………………………………… 114
  - 1）情報処理センターの概要 ………………………………………………… 114
  - 2）主要な情報処理センター ………………………………………………… 115
  - 3）情報処理センター間の相互接続 ………………………………………… 116
- 2-6-3　決済端末 ………………………………………………………………… 118
  - 1）決済端末の概要 …………………………………………………………… 118
  - 2）おもな決済端末 …………………………………………………………… 118
  - 3）BIN ………………………………………………………………………… 120

2-7　決済実務の概要 ……………………………………………… 122

- 2-7-1　オーソリゼーション実務 ……………………………………………… 122
  - 1）概要 ………………………………………………………………………… 122
  - 2）オーソリ電文と売上データ電文 ………………………………………… 122
  - 3）オーソリ電文の種類 ……………………………………………………… 123
  - 4）オーソリ電文の伝送経路 ………………………………………………… 124
  - 5）フロアリミット …………………………………………………………… 126
  - 6）オフライン加盟店 ………………………………………………………… 127
  - 7）オーソリに起因するデビットカードのトラブル ……………………… 127
- 2-7-2　クリアリング実務 ……………………………………………………… 129
  - 1）概要 ………………………………………………………………………… 129
  - 2）売上データの伝送ルート ………………………………………………… 129
- 2-7-3　セツルメント実務 ……………………………………………………… 132
- 2-7-4　為替レート ……………………………………………………………… 133
  - 1）為替レートの決め方 ……………………………………………………… 133
  - 2）DCC ………………………………………………………………………… 135
- 2-7-5　サードパーティ・プロセッサー ……………………………………… 135
- 【Column】ハウスカード加盟店にみるグレーな加盟店契約形態 …………… 137

第3章　金融決済用ICカード

3-1　ICカードの概要 ……………………………………………140

 3-1-1　ICカードの種類・規格 …………………………………… 140
 1）ICカードとは ………………………………………………… 140
 2）ICカードの種類 ……………………………………………… 140

3-2　EMVとセキュリティ ………………………………………143

 3-2-1　EMV ………………………………………………………… 143
 1）概要 …………………………………………………………… 143
 2）EMV導入の経緯 …………………………………………… 143
 3-2-2　EMV仕様 …………………………………………………… 144
 3-2-3　EMVのセキュリティ機能 ………………………………… 145
 3-2-4　SDAとDDA ………………………………………………… 146
 3-2-5　EMV化の課題 ……………………………………………… 147
 1）相互運用性の維持 …………………………………………… 147
 2）追加要件の発生 ……………………………………………… 148
 3-2-6　EMV化を支える施策 ……………………………………… 149

3-3　少額決済スキーム …………………………………………150

 3-3-1　日本独自のローカルサービス ……………………………… 150
 1）オープンモデルの特長 ……………………………………… 150
 2）クローズドモデルの特長 …………………………………… 152
 3-3-2　おサイフケータイ ………………………………………… 153
 1）概要 …………………………………………………………… 153
 2）仕組み ………………………………………………………… 153
 3-3-3　国際標準サービス …………………………………………… 154
 3-3-4　GSMAによる標準化活動（Pay-buy-mobile, Money Transfer） ……… 156

第1章

決済カード業務の概要と実務

1-1　カードビジネスの仕組み

1-2　イシュイング業務

1-3　アクワイアリング（加盟店）業務

第1章

決済カード業務の概要と実務

1-1 カードビジネスの仕組み

1-1-1 カード取引を構成するプレイヤー

1）カード取引とは

　本書においてカード取引とは、クレジットカード、デビットカードなどの決済カード（以下、特記なき場合は決済カード）をショッピング、または現金引出しに利用する場合の取引を指す。

　物品の購入、役務（サービス）の提供を受けるショッピングは、対面取引（加盟店に設置された決済端末での取引）と非対面取引（通信販売、インターネット取引、電子マネーのチャージなど）とに分類される［加盟店の種類→P.48］。また、現金引出しは銀行などに設置されたCD（現金自動支払機）、ATM（現金自動預払機）での利用がほとんどである。なお、一部の国や地域ではデビットカードによる対面取引の際に預金引出し（キャッシュアウト）が可能である。

2）業法、主務官庁

　わが国では、クレジットカードについては割賦販売法が、キャッシングやカードローンなど金融商品については貸金業法がそれぞれの業法として各種の規定を行っている。所轄官庁はクレジットカードが経済産業省、金融商品が金融庁である。そのため、「キャッシング機能付きのクレジッ

トカード」は割賦販売法と貸金業法の規制対象となる。イシュアー（カード発行会社）は経済産業省、金融庁にそれぞれ包括信用購入あっせん業者、貸金業者の登録を行い、その指導監督下におかれている。

なお、割賦販売法、貸金業法共に、企画立案については消費者庁が共管している。登録、検査、行政処分の権限はそれぞれ、経済産業省、金融庁がもつが、行政処分については、消費者庁が勧告することができるほか、事前協議を受けることになっている。

割賦販売法ではクレジットカードのショッピングを包括信用購入あっせん（以下、包括クレジット）、契約ごとに与信を行うショッピングクレジットを個別信用購入あっせん（以下、個別クレジット）と定義している。ただし、いずれも、商品の購入からクレジット代金の支払いまでの期間が2カ月を超えるものが対象である。このため、マンスリークリア（一括払い）や金融機関口座から即座に代金を引き落すデビットカードは、原則として割賦販売法の対象外となる（カード情報の安全管理義務などは規制対象）。

なお、決済カードビジネスは世界的にみると銀行業務の一環であるが、日本においては銀行法の制約により、銀行が直接決済カード事業を手がけることができなかったため、銀行子会社や信販会社などによってクレジットカード事業が営まれてきた経緯がある（1981年の銀行法改正により銀行の付随業務としてクレジットカード事業が認められた）。

3）三者間取引

カード取引は、互いに契約関係にあるカード会社（金融機関）、カード会員、

[図表1] 三者間取引契約関係

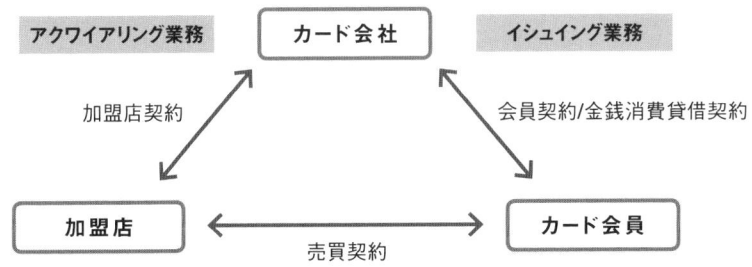

[図表2] 二者間取引契約関係

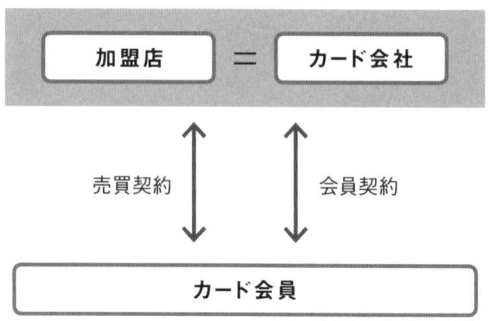

[図表3] 四者間取引契約関係

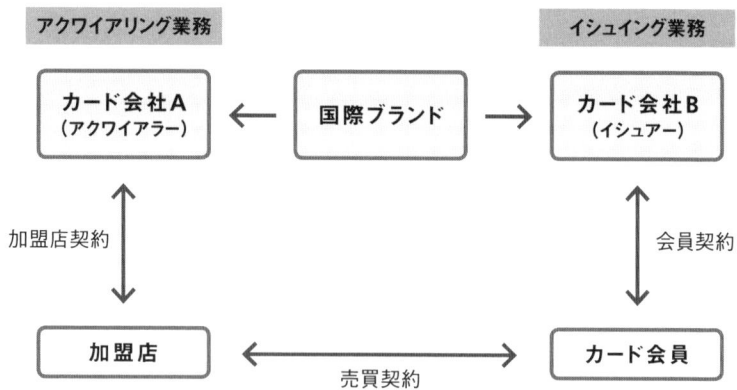

加盟店の三者によって構成される 図表1 。

　なお、加盟店みずからがカード事業を行う場合、加盟店兼カード会社とカード会員との二者間取引となり 図表2 ［ハウスカード→P.13］、イシュイング業務とアクワイアリング業務［イシュアーとアクワイアラー→P.6］を行うカード会社が異なる場合、四者間取引となる 図表3 。国際ブランドによるカード取引はこの四者間取引を前提とする。

4）カード取引における契約関係

a）カード会員／カード会社間

カード会社は、カードの利用希望者を会員規約に基づきカード会員として登録し、会員が会員規約を遵守することを約束することを条件に会員にカードを貸与する。キャッシングサービスが付帯するカードでは、会員は金銭消費貸借契約も締結する。

なお、一般にカード決済で商品を購入したカード会員は、当該商品に関する利用代金の支払が完了するまで所有権がカード会社に留保される。

b）カード会社／加盟店間

カード会社は加盟店とカードの利用（受入れ）に関する加盟店契約を締結し［加盟店契約→P.40］、加盟店はカード会員に対して信用販売を行う。

加盟店にとってカードによる信用販売は掛売りとなり、加盟店はカード会社から代金の立替払いを受ける。

ただし実際は、加盟店契約に基づき取引に関する債権をカード会社に譲渡したうえ、債権の譲渡代金から加盟店手数料を減じた額の支払いを

[図表4] 取引債権のカード会社への譲渡

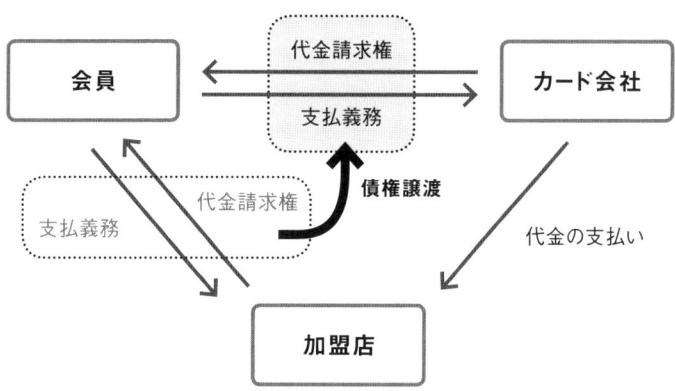

受ける債権譲渡の法律構成をとる会社もある 図表4 。以下、本書においては、立替払い、あるいは債権譲渡と表現する場合は、両方のスキームのいずれかを指しているものとする。

c）加盟店／カード会員間

加盟店でカード会員が物品・サービスの代金をカードで支払う際に、加盟店とカード会員との間で売買契約が成立する。

d）カード会社間

図表3 のように、カード会員と会員契約を結んだカード会社と、加盟店と加盟店契約を締結したカード会社が異なる場合がある（四者間取引契約）。

このケースでは国際ブランドが介在することによって、カード会社Aの自社加盟店において、カード会社Bが発行した決済カードの利用が可能になる。A/B間ではカード会員の取引代金の清算などが発生する［インターチェンジシステム、国際ブランドのアクワイアリング制度→P.85］。

e）イシュアーとアクワイアラー

決済カード業務は、カード発行や与信、会員管理などを中心とした会員向け業務と、カード決済代金の立替えや加盟店契約など、加盟店向けの業務に大きく二分される。前者を一般にイシュイング、後者をアクワイアリングと呼び、それぞれの業務を行う事業者または事業体はイシュアー、アクワイアラーと呼ばれている。一つのカード会社・金融機関がその両者を兼ねる場合が多い。

図表1 や 図表3 からわかるように、カード会社はカード会員と加盟店という2つの異なるステークホルダーと取引を行っており、カード会社からみればカード会員、加盟店の双方ともが顧客となる。

1-1-2 カード取引のフロー

カード取引は、大きく①オーソリゼーション（信用照会、信用承認、取引

[図表5] カード取引のフロー

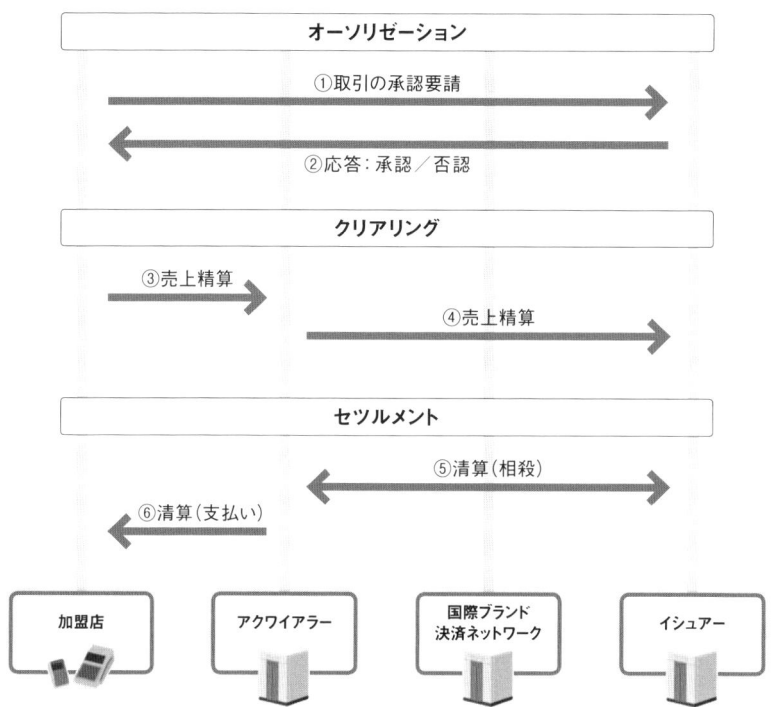

承認、以下オーソリとも表記)、②クリアリング(加盟店における売上の精算、売上処理)、③加盟店への支払い(セツルメント、清算)——の3要素に分解される 図表5 [詳細については89ページ以下、取引実務については122ページ以下を参照]。

1)ショッピングの場合

　カード会員が加盟店にカードを提示すると、加盟店は決済端末を通じてイシュアーに取引の承認を得る[オーソリゼーション、→P.89]。承認を得た後、サインによる本人確認などの所定の処理を行って加盟店でのカード決済は終了する(EMV方式のICカードでは、PIN(暗証番号)による本人確認をオーソリゼーションの前に済ませる)。

加盟店はイシュアーによる承認を担保に、商品・サービスをカード会員である顧客に提供し、本来加盟店が顧客に対して有する代金請求権がカードの発行元であるイシュアーに譲渡され、その代わりにアクワイアラーからの代金支払いが確約される。

　アクワイアラーから代金の支払いを得るために、加盟店はアクワイアラーに対してカード売上票の送付、売上データの伝送などの売上処理を行う。加盟店の売上処理を受けたアクワイアラーは、ほぼ自動的にイシュアーに対しても売上処理を行う。

　加盟店への売上代金の支払いは、アクワイアラーと加盟店間の契約に基づき所定の期日までに行われる。アクワイアラーはその代金をイシュアーから徴収するが、それは加盟店への支払いタイミングと関係なく、決済ネットワーク上で一定のサイクルで行われるアクワイアラーとイシュアー間での清算・決済（クリアリング、セツルメント）によって行われている［クリアリング、セツルメント→P.89］。

2）キャッシング・預金引出し

　キャッシング・預金引出しの場合も原則として 図表5 と同様の処理が行われる（CD・ATMが加盟店と考えればよい）。多くの場合オーソリゼーションと売上処理を同時に処理する方式［シングルメッセージ→P.122］が用いられている。また、銀行ATMでの預金引出しの場合、図表5 にあるセツルメントについては銀行間の決済スキーム上で行われる。

1-1-3 カードの種類

　カードの種類は、決済方法や発行主体の違い、機能の違いなどさまざまな角度から分類できるため、一面的な基準によって分類することは難しい。

　よく用いられる「プロパーカード」と「提携カード」の分類は、カードイシュアーと提携先企業の有無で見る分類方法である。提携先企業がなくカードイシュアーが自ら発行するカード（カード券面の表記（カード名など）がイシュアーのものと同一）を一般に「プロパーカード」、提携先企業があるカード（カード券面の表記が提携先企業）の場合「提携カード」と呼ぶ。

利用可能店舗の範囲から分類されるものが「ハウスカード」で、特定の流通業、チェーン店に限定して利用可能なカードを指す。このカードは一般に国際ブランドマークを付けない独自カードであることが多い。

また、カード会員のアカウントを軸に分類されるいくつかのカード種別がある。本会員の与信管理のもとで家族が利用する目的で発行される「家族カード」、同一会員が2枚以上のカードとして持つ場合の「サブカード」などがそれにあたる。ETCカードはサブカードの典型である。

1）プロパーカードと提携カード

図表6 に示したプロパーカードと提携カードの典型例は、イシュアーが自らの社名およびブランドで発行するプロパーカードと、イシュアーが提携先企業のブランドやサービス名で発行する提携カードを示している。

[図表6] プロパーカードと提携カードの典型例

	イシュアー	カード表面のロゴ、社名など
プロパーカード	ABCカード株式会社	ABCカード
提携カード	ABCカード株式会社	XYZカード（XYZ株式会社）

[図表7] プロパーカードと提携カード（カード裏面の表記の例）

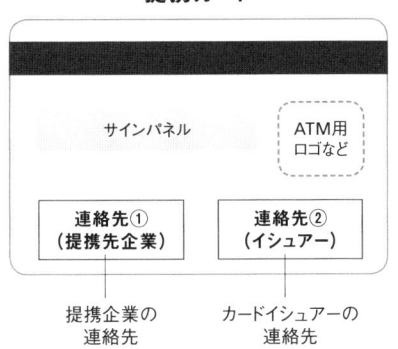

例外もあるが、一般にこれらはカード裏面に表示される連絡先によって識別することができる。プロパーカードの場合は連絡先がイシュアー1社に限定されるのに対し、提携カードでは提携先企業の連絡先と、カードイシュアーの連絡先の2社が表記されることが多い 図表7 。

2）プロパーカード

一般的にプロパーカードは広義では、カード会員からみてクレジットカードに係るサービスの提供企業が単一の企業（イシュアー）に特定されるものを指す。しかし、厳密にいえばイシュアーがカードに関するすべての業務を自ら実施する場合と、その業務を別のカード会社などに委託する場合がある。特に後者は次に解説する提携カードに本来分類されるべきものが含まれる場合があるので注意が必要である。

3）提携カード

a）定義

提携カードは、イシュアーが流通・小売業、メーカーなどの提携先企業と提携し、提携先の商標や名称をカード券面に付したカードを指す。国際ブランドのルールでは、提携先が非営利団体の場合アフィニティーカード（Affinity Card）、営利企業の場合コ・ブランドカード（Co-Brand Card）と定義されている。

一方、イシュアーが提携先を持たずに、自社のブランドのみで発行す

[図表8] 提携カードのメリット

イシュアー	◎提携先企業の顧客チャネルを活用した会員の獲得、取扱高の積増し ◎加盟店である提携先企業の囲込み ◎提携先企業が提供するサービスによる商品性の強化
提携先企業	◎イシュアーによる顧客情報の分析 ◎顧客の囲込み ◎カード発行コスト、与信リスクの削減（自社発行比） ◎会員獲得による手数料収入

るカードを指してプロパーカードと呼ぶこともある。

b）メリット

　提携カードの発行は、イシュアー・提携先企業の双方にメリットがある 図表8 。

　ただし、イシュアー間の競争の激化により提携カードの採算性は悪化しており、契約条件の見直し、提携解消を図るイシュアーも増えてきている。

c）提携カードの業務分担

　図表9 では提携カードの業務や債権などがイシュアー（ 図表9 中のA社）と提携先企業（B社）のどちらに属するかを例示した。パターン①は一般的な提携カードのイメージで、この場合、提携カードの券面には提携先の名称やロゴが表記されるが、裏面にはイシュアーの連絡先が明記される。

　パターン①の場合、会員情報も通常はイシュアーに帰属するため、提携先は原則としてそのカード会員情報を取得できない。最近は、提携先企業がポイントプログラムなど独自のサービスを提供する目的で会員を組織化する必要から会員情報を両社で共有することも多いが、このような場合でも会員のカード利用状況は提携先に開示されないのが一般的だ。もっとも、契約によりカード会員のカード利用状況の一部を提携先に開示することもある。

　パターン②のケースは、提携先企業がほとんどのカード業務を行い、提携元のカード会社は業務受託に徹するようなパターンである。提携先が与信や債権管理まで行うので、B社がイシュアーとなり、イシュアーのA社はBIN貸与［BIN→P.120］や発券業務、売上処理などのプロセシングを行うのみとなる。

　かつては、百貨店などが自社ハウスカードの業務のほとんどを、パターン①のようにカード会社に委託して発行することも多く、そのようなカードは代行カードと呼ばれた。

[図表9] 提携カードの業務分担例

	おもな業務	A社 (カード会社)	B社 (提携先企業)	カードの例	ユーザー視点
パターン①	会員獲得	○	○	大学の校友会カード	A社がイシュアーで、B社が券面にロゴを付した提携先としてみえる
	カード発行	○	—		
	与信管理	○	—		
	債権管理	○	—		
	会員管理	○	—		
	国際ブランド業務	○	—		
パターン②	会員獲得	—	○	ビューカード	B社自身もカード会社でイシュアーになる
	カード発行	—	○		
	与信管理	—	○		
	債権管理	—	○		
	会員管理	—	○		
	国際ブランド業務	○	—		

(注) これらの業務分担は一例であり、カード会社と提携先との個別の取り決めによって業務の委託範囲は異なる

d) スイッチカード

スイッチカードは提携先企業がカード会社である提携カードの形態のひとつで、会員が双方のカード会社に帰属、両社がそれぞれ与信・会員管理・債権管理を行うものを指す。Aカード会社の加盟店で決済された場合はA社の売上げとして処理し、B社の加盟店で決済された場合はB社の売上げとして処理するため、スイッチカードのホルダーにはA社とB社の請求書が別々に、場合によって異なる締め日に送られてくることもある。

ジェーシービーならびに三菱UFJニコスがジャルカードと提携して発行する「JALカード」がこの形態のカードとして有名であったが、現在はイシュアー（ジェーシービー、三菱UFJニコス）が請求書を一元管理する一般的な提携カードに変更された。請求書が二通に分かれてしまうなど不便な点もあったことから、近年この形態の提携カードは極めて少なくなっている。

4) ハウスカード

ハウスカードとは、流通小売企業などがみずから発行し、自社店舗のみで利用可能なカードを指す[二者間取引→P.4]。

ハウスカードはカード発行と加盟店管理を実質的に1つの事業者が行うため、イシュアー・アクワイアラー・加盟店が同一というシンプルな形態となる。

本来ハウスカードは利用できる加盟店が自社店舗ないしその系列・周辺店舗など限定されるものだが、最近はハウスカードにビザ、マスターカードなどの国際ブランドを付した汎用カードが増えており、純然たるハウスカードは減少傾向にある。カード会社が発券業務を受託する場合も多い。

5) その他のカード（サブカード）

イシュアーは会員に対して発行する決済カードに加えて、付加サービスとして次のような各種カードを発行する場合がある。特に定められた用語・定義はないが、一般にサブカードと呼ばれることが多い。

a）家族カード
　利用代金は会員本人のものと合算されて請求されるのが主流だが、一部には家族会員に直接請求されるものもある。

b）ネット決済用アカウント（カードレス発行）
　プラスチックカードを発券せず、カード番号のみを発行し、オンラインモールのみの利用に特化した決済サービス。「バーチャルカード」と呼ぶカード会社もある。

c）ETCカード
　高速道路のノンストップ自動料金収受システムに対応したIDカード。

d）少額決済サービス（電子マネー等）
　少額決済サービス、電子マネー等を会員の希望に応じて発行するもの。主に非接触ICカードを用いるものが多い。
　プリペイド方式のサービスではオートチャージ（バリューが一定額を下回った場合にクレジット決済してバリューを自動的に積み増すサービス）を提供することもある。

e）おサイフケータイ
　携帯電話端末に少額決済サービスなど非接触ICカードによるサービスをアプリケーションとして搭載するサービス。

　これらサブカードは、主たる決済カードと同一のアカウント（口座）として扱われる。

1-2 イシュイング業務

イシュイング業務は、決済カードの会員募集・会員管理、カードの発行・発券、代金回収・債権管理などの業務によって構成されている。

1-2-1 入会・カード発行業務

1）入会手続

カードの入会手続きは、事務センターなどで入会希望者からの入会申込書の内容をチェックすることから始まる。

入会申込書はOCR（光学式文字読取装置）による読取り、オペレータによる入力などによりデータ化される。また、ウェブサイト経由の申込みのように、申込情報があらかじめデータ化されている場合もある。

同時に、預金口座振替依頼書の金融機関への送付、申込者の信用情報の調査、申込者の勤務先等に対する電話での在籍照会などを行い、信用供与によりカード発行（または追加カード発行）が承認されると、ほぼ自動的に発券プロセスへと移行する。入会申込用紙は通常は倉庫などに長期間保管される。

2）初期与信（スクリーニング）

クレジットカード発行の申込みを受けた際には、イシュアーは申込者の信用状況などをチェックし、利用に差し支えがないと判断した場合に信用を供与（与信）し、カードを発行する。

新規申込みの場合は、申込者の年収・住居・勤務先などの情報をベースに社内の信用情報データベースおよび個人信用情報機関［個人信用情報機関→P.26］に照会する。

自社の信用情報データベースならびに個人信用情報機関に延滞や破産手続開始、和解などによる支払条件・総額変更、貸倒れや過剰な借入件数などネガティブ情報がなければ、各社独自の基準により信用供与を行い、利用限度額を決定する。この入会審査のプロセスを、「初期与信」と呼ぶ［途

上与信→P.17以下]。

審査基準はカード会社独自のノウハウをもとに設定され、システム化されている。申込書に記入された事項を入力すれば、個人信用情報機関への照会結果もふまえ、ほぼ自動的に与信の可否、利用限度額などが判定されるが、同姓同名などの類似情報があれば、審査・決裁者が再照会を行う場合もある。また、すでにカードを保有する会員からの追加申込みについては、保有カードの利用履歴、与信情報などを照会した上で審査する。

3）発行業務

a）発券データ

発行・更新が承認された申込者については、自動的に会員情報データベースに登録される。その際にカード発行に必要な以下のデータが生成される。

b）磁気カード

国際ブランドから割り当てられたBIN［BIN→P.120］の範囲からカード番号（PAN、Primary Account Number）を割り当て、それに付随するCVC、CVVなどのセキュリティコード［セキュリティコード→P.74］、有効期限などが生成される。これらのデータは一般に磁気データ、カード発行データなどと呼ばれており、本書では磁気データと呼ぶ。

c）ICカード（EMV仕様）

磁気データに加え、EMV仕様で規定される各種ICパラメーター［ICパラメーター→P.145以下］の設定が必要である。イシュアーがあらかじめ設定したパラメーター値に基づき、カードベンダー（印刷会社）はICチップを作成して、カード発券作業を行う。

d）サブカードの発券

サブカード［サブカード→P.13］は種類によって発券に必要なデータが異なる場合がある。

家族カード、ネット決済用アカウントについては、通常の決済カードと同規格のデータだが、ETCカード、電子マネー、少額決済サービスな

どは、各サービススキームで規定されるIDなどの発行データを別途用意する。発行データは発行設備を持つ印刷会社などに伝送され、発券される。

e）封入・発送
　カードの発送は、カードに加え会員規約書、サービス内容を紹介したパンフレット類など、いくつかの書類と共に封入され発送される。封入物もカード発行時に同時に指定される。

1-2-2 途上与信（モニタリング）

　イシュアーはカードの発行後も常にカード会員の属性、利用・返済状況の変化をモニタリングし、利用限度額変更などの販売促進や延滞発生の未然防止を行っている 図表10 。
　クレジットカード業務における途上与信は、会員がカードを円滑・快適に利用することを軸に、戦略的なリスクコントロールを行うことで、利益極大化とリスク最小化を実現するきわめて重要な業務である。

1）メリット
　総量規制などにより信用供与総額が圧縮されるなか、今後はいっそうの顧客囲い込み、収益向上が課題となる一方で経費の削減も求められている。このような経営環境のもと、途上与信を活用することで「小さな費用で大きな効果」を得ることができる。

ⅰ）販促コストの軽減と販促効果の向上（収益確保）
　　稼働の見込みが高い会員に対してのみ販促策を実施する。
ⅱ）優良会員の的確な囲い込み（総量規制対策）
　　良質会員の的確なピックアップに加えて未利用会員の稼働化が求められるなか、途上与信の活用により販促対象となる会員の発見に正確性が増す。
ⅲ）債権の不良化抑止（償却費用削減）
　　会員は経年によりライフスタイルが変化するため、長期間の緩いリス

[図表10] 途上与信システム

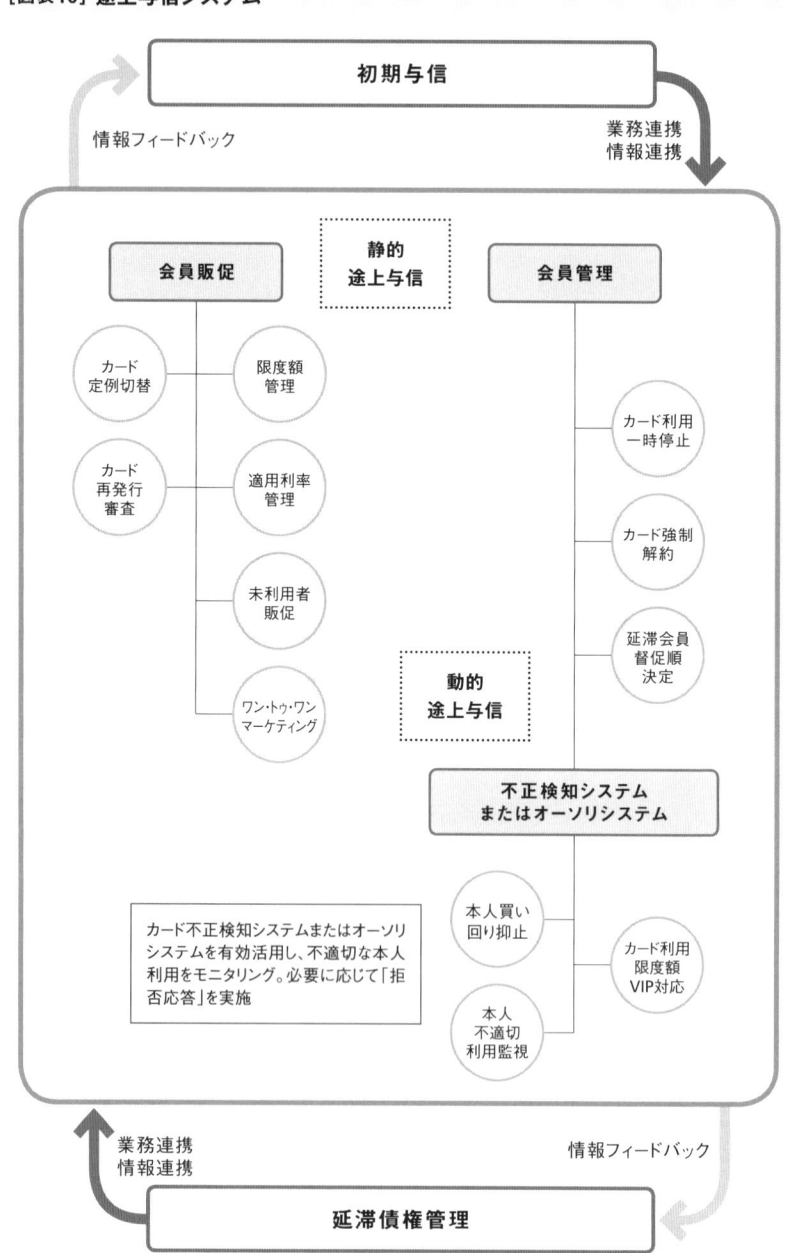

ク変化を見極め、また直近の急激なリスク変化を早期に発見して迅速かつ的確な対処行動を起こすことで債権の不良化を防止する。

2）業務の概要
a）静的途上与信

会員属性情報（変更履歴を含む）や利用情報・入金情報・外部信用情報などを詳細に分析し、会員ごとのリスクや購買動向を把握することで会員ランクを設定。ランクごとに的確な顧客管理を行う。

ⅰ）限度額管理

会員個々に利用限度額のアップ額を決定する。

ⅱ）適用金利管理

会員個々に優遇利率を決定、優良会員を見極め優遇利率を的確に適用する。

ⅲ）会員販促

顧客の状況に合致した商品や趣味・嗜好に合った商品・サービスの紹介を行うワン・トゥ・ワン・マーケティングを実施する。また、直近のカード利用がない会員に対して当該会員ごとに的確な利用促進策を実施し、カード解約を防止する。カード解約申し出時にも会員の趣味・嗜好に合わせた案内を行うことで解約防止を図る。あるいは、未利用原因を追及し、対策を講じることも可能となる。

ⅳ）カード更新管理、再発行管理

カードの定期的な更新時や、紛失・盗難に伴うカード再発行時に実施する再審査の適正判定を可能とする。

ⅴ）カード利用管理

口座引落し不能などのマイナス要因をきっかけとしてカード利用の一時停止、強制解約などの措置を実施する。

b）動的途上与信

オーソリ判定時、オーソリシステムまたは不正検知システムの活用によりカードの利用をリアルタイムにウォッチし、途上与信判定を行う。必要に応じて拒否応答や保留応答を実施する。

ⅰ）利用限度額の特別対応

　海外旅行時は土産品の購入に加えて、レンタカーや宿泊代など、カードで決済するケースが増える。帰国の際の航空運賃をカードで決済するようなケースもあり、カードの利用が金額、回数ともに増える傾向があるため、海外でのカード利用時は限度額の増額判定を行っているイシュアーも多い。限度額増額については、会員リスクランクや過去のカード利用動向に合わせ、会員ごとに増額率を自動計算し、より的確な与信判定を行う。

　また、結婚披露宴や増改築費用、医療費などの高額決済の際にも事前申込みにより利用限度額増額の与信判定を実施する。

ⅱ）カード利用制限

　会員ビヘイビアを活用し、ショッピング枠を現金化など高換金性商品のカードでの買回り抑止を図る。また、会員の返済能力を超えたカード利用などや通常の利用パターンと大きく異なるカード利用、金融取引［異常取引→P.28］など、不適切なカード利用に対する利用制限も可能となる。

ⅲ）カード利用モニタリング

　注意が必要な会員のカード利用をモニタリングし、必要に応じて会員にコンタクトを取って会員にカウンセリングや警告を行う。

3）業法改正と与信業務

　総量規制を盛り込んだ改正割賦販売法、改正貸金業法の施行により、申込者・カード会員の信用情報をより厳格に確認することが求められるようになった。そのため、業務フローの見直しに加えてシステム面での手当も必須となる。

a）改正割賦販売法

　判断力の低下した認知症高齢者などをターゲットとした次々販売、過量販売といった悪徳商法が社会問題化し、悪質加盟店の排除、多重債務の防止など消費者保護を目的に2008年に割賦販売法が改正された。

　改正割賦販売法では、個別契約ごとに与信を行うショッピングクレジットだけでなくクレジットカードについても見直しが図られた 図表11 。大

[図表11] 改正割賦販売法のクレジットカードに関するポイント

① 割賦定義の見直し
　分割払い、リボルビング払いに加えて、ボーナス一括払いなど、商品等の購入からカード代金の支払いまでの期間が2カ月を超える与信は、一括払いも含めすべて法律の規制対象に。翌月一括払い（マンスリークリア）は原則として規制の対象外

② 指定商品・役務制廃止

③ 支払可能見込額調査義務、過剰与信防止義務

④ 個人信用情報の利用・登録義務

⑤ 認定割賦販売協会（自主規制団体）の設立

⑥ 加盟店情報の提供義務

⑦ 業務運営の適正化

⑧ カード情報の安全管理義務（加盟店・委託先の監督・指導も行う）

⑨ 変更登録（登録制度は以前よりあり）

きなポイントは、①割賦定義の見直し、②過剰与信防止を目的とした利用限度額に対する量的規制導入——の2点。

　①によって、従来は割賦販売法の対象外だった2回払い、ボーナス一括払い等が法規制の対象となった。②は従来イシュアーがみずからの与信判断で設定していた利用限度額を、法が定めた一定のルールに基づいて設定しなければいけないとするものだ。そのため、イシュアーは会員の支払可能見込額の調査義務を負うことになった 図表12 。

　特に②により今後は入会審査、更新審査時に、支払可能見込額の算出、指定信用情報機関への年間請求予定額の登録などが必要となるなど、与信政策のみならず、会員募集・カード発行フロー、システム全般にわたる大幅な見直しが必要となり、イシュアーの経営にも影響が及んでいる 図表13 。

c）改正貸金業法

　多重債務問題の解消を目的に2006年、上限金利の引き下げ、総量規

[図表12] 改正割賦販売法施行に伴う与信審査への影響

1. 指定信用情報機関制度の創設	2. 過剰与信の禁止
○基礎特定信用情報（年間請求予定額含む）を指定信用情報機関に提供	○支払可能見込額調査義務、過剰与信防止義務 ○法定限度額＜（年収＋預貯金－年間請求予定額－生活維持費）×0.9＞を超過する極度額（リボ・分割払い）のカードの発行を原則禁止（例外規定あり）

- 自社データベースと指定信用情報機関との接続（登録・照会）システムの見直しが不可避
- リボ・分割払いの極度額と、規制対象外となるマンスリークリアの極度額との区分が必要。場合によってはシステムの見直しも。
- 専業主婦の支払可能見込額の取扱い
  世帯ベースで年収・クレジット債務・生活維持費を算定する。
- 例外の取扱い

【極度額30万円以下の場合】
　極度額30万円以下のカードを発行する場合、あるいは極度額を30万円以下までに増額しようとする場合は、支払可能見込額の調査義務は免除される。ただし、自社の包括信用購入あっせんの債務が50万円、他社を含めて100万円を超える場合は例外扱いできない。したがって、入会・更新・極度額増額の与信審査時に、自社と指定信用情報機関の信用情報をもとに、包括信用購入あっせんの債務残高を把握する必要がある。

【一時的な極度額の増額】
　①会員の求めがあった場合、②会員に臨時収入などがある場合、③緊急医療を受診する場合における一時的な極度額の増額は調査義務・防止義務の例外とされる（①は3カ月以内）。

【更新時】
　クレジットカードの更新時における返済能力調査義務においては、当該カードの包括信用購入あっせん債務が5万円未満の場合は調査義務が免除される（5万円以上なら調査しなければならない）。

【再発行時】
　盗難・紛失によりカードの更新期間内に再発行する場合も調査義務はかからない。

[図表13] 改正割賦販売法の施行に伴うクレジットカード会社への影響

1.「包括信用購入あっせん」の定義変更による規制対象の拡大

分割払い、リボルビング払いに加えて、ボーナス一括払いなども法律の規制対象に。なお、翌月一括払い（マンスリークリア）は、原則として規制の対象外

2.過剰与信の禁止

①指定信用情報機関制度の創設
　基礎特定信用情報（年間請求予定額含む）を信用情報機関に提供
②支払可能見込額調査義務（2010年12月17日に施行）
　法定限度額（支払可能見込額の90％に当たる金額）を超過する極度額（リボ・分割払い）のカードの発行を原則禁止（例外規定あり）
　[法定限度額の計算式]
　（年収＋預貯金 - クレジット債務 - 生活維持費）×0.9＝法定限度額
③過剰与信防止義務（2010年12月17日に施行導入）
　包括信用購入あっせんが対象→規制対象外となるマンスリークリアの極度額との区分が必要

3.カード情報の安全管理義務

①個人情報保護法でカバーされていないクレジットカード情報の保護を目的に、必要な措置を講じることを義務づけ
②クレジットカードを取り扱う事業者が対象
　対象となるのは、包括信用購入あっせん業者、二月払購入あっせん業者（マンスリークリアを用いた翌月払いを取り扱う業者）、立替払取次業者（アクワイアラー）
③加盟店、業務委託先においても適切な管理が図られるよう、加盟店、業務委託先に対する指導・監督を義務化

4.クレジットカード会社が取るべき対応

①翌月一括払いと分割・リボの与信枠の峻別など社内データベースの見直し
②システムの見直し
　・審査プロセスなど業務フローの見直し
　・年間請求予定額や支払可能見込額などの算出にかかる審査システムの見直し
　・指定信用情報機関との接続システムの見直し
③業務態勢の見直し
　・業務委託態勢の見直し
　・マニュアル、研修など態勢の整備

[図表14] 改正貸金業法のポイント

1.金利体系の適正化

①グレーゾーン金利の撤廃
　一定の要件を満たせば有効とみなされたいわゆる「グレーゾーン金利」が撤廃され、旧貸金業規制法43条が廃止された
②上限金利の引き下げ
　出資法の上限金利が29.2％から20％に引き下げられるとともに、改正貸金業法で利息制限法の制限利息を超える金利は、たとえ20％以下であっても行政罰が科せられたことから、貸金業者の上限金利は利息制限法所定の上限金利となった（2010年6月18日に実施）

2.過剰貸付の抑制

①指定信用情報機関を通じた総借入残高の把握
②総量規制の導入（2010年6月18日に実施 図表15 ）
③リボルビング契約の最低返済額の自主規制
④金利概念の整理：保証料・契約締結費用・ATM利用料などを整理

3.貸金業者の業務の適正化

①参入条件の厳格化
　財産的基礎要件を純資産額5,000万円以上に引き上げ（2010年6月18日に実施）
②貸金業務取扱主任者の営業所への配置（2010年6月18日に実施）
③行為規制の強化
　取立て規制の強化、事前の書面交付義務など（2007年19日に実施）
④監督の強化
　業務改善命令の導入、行政処分・立入検査の対象を拡大（07年12月19日に実施）など

4.多重債務問題の解決に向けた抜本的・総合的な対策

①ヤミ金融の罰則強化
②債務者へのカウンセリング体制の充実
③公的セーフティネットの検討
④金銭教育の充実

制の導入を柱に旧貸金業規制法が改正された 図表14 。これに伴い、新たに他社分を含めた総借入残高の把握、収入証明書の徴求などが必要となり、システムの更改、業務フローの見直しが必要となった 図表15 。

キャッシングやカードローンなどの無担保融資商品が収益の相当部分を占めているイシュアーも多く、消費者金融業界だけでなくカード業界も収益の悪化、無担保融資の撤退など経営に大きなインパクトを受ける結果となった。

[図表15] 改正貸金業法における総量規制

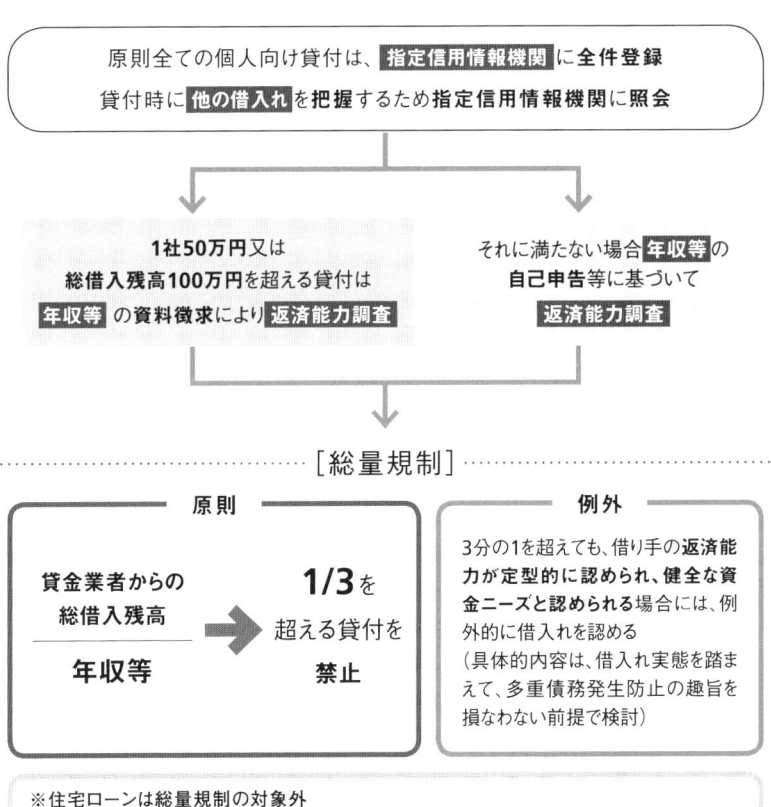

原則全ての個人向け貸付は、**指定信用情報機関** に **全件登録**
貸付時に **他の借入れ** を把握するため **指定信用情報機関に照会**

↓

1社50万円又は
総借入残高100万円を超える貸付は
年収等 の資料徴求により **返済能力調査**

それに満たない場合 **年収等** の
自己申告等に基づいて
返済能力調査

──────── [総量規制] ────────

原則

貸金業者からの総借入残高 / 年収等 → **1/3** を超える貸付を **禁止**

例外

3分の1を超えても、借り手の**返済能力が定型的に認められ、健全な資金ニーズと認められる**場合には、例外的に借入れを認める
（具体的内容は、借入れ実態を踏まえて、多重債務発生防止の趣旨を損なわない前提で検討）

※住宅ローンは総量規制の対象外
指定信用情報機関における他の貸付の登録情報をあわせた個別判断により、返済能力を超える過剰な貸付を一般的に禁止

（資料）金融庁「貸金業法等の改正について」

d）個人信用情報機関

　消費者信用業界における個人信用情報とは、与信評価や支払能力の判断材料として利用するために収集される個人情報のことである。

　個人信用情報機関は、クレジット会社などの会員企業から、消費者の個人情報を収集・蓄積・保管し、会員企業からの照会時に収集した個人情報をクレジット会社に提供している 図表16 。

　改正割賦販売法ならびに改正貸金業法により、過剰与信・貸付を防止することを目的に、クレジット、貸金のそれぞれの分野において指定信用情報機関制度が創設された。

　改正割賦販売法では支払可能見込額の調査を行うにあたり、他社債務額や支払状況をチェックするため、イシュアーは指定信用情報機関の提供する信用情報の利用が義務づけられた。2010年7月20日にシー・アイ・シーが指定を受けた。

　また、改正貸金業法においては貸金業者が総借入残高を把握するため、指定信用情報機関相互で残高などの個人信用情報の交流が義務づけられた。2010年3月11日に、日本信用情報機構とシー・アイ・シーが内閣総理大臣から貸金業法に基づく指定信用情報機関として指定されている。

[図表16] 個人信用情報機関の概要

信用情報機関	会員	会員数	保有データ量・登録情報量	照会方法
全国銀行個人信用情報センター（全銀協）	銀行などの金融機関、クレジット会社、保証会社など	1,263社（2010年6月末）	約8,705万件（2010年6月末）	①オンラインシステム（WEB端末、EDP接続）による照会・回答 ②ファイル転送による照会・回答
シー・アイ・シー（CIC）	信販会社、クレジットカード会社、銀行などの金融機関、貸金業者、住宅ローン会社など	1,016社（2010年6月20日時点）	約5億4,498万件（2010年6月20日時点）	①パソコンによるオンライン照会・回答 ②CPU接続による照会・回答 ③CMT・オンライン伝送などによるバッチ照会・回答
日本信用情報機構	銀行などの金融機関、クレジット会社、貸金業者、保証会社など	約1,576社（2010年6月末）	約2億1,610万人（2010年6月末）	①専用端末機 ②CPU接続 ③磁気テープ

（資料）『月刊消費者信用』2011年9月号をもとに作成

1-2-3 不正使用対策

1）概要

a）不正使用の定義

近年は、不正に入手した会員番号等のカード情報を用いたなりすましや、スキミング、フィッシングなどによるカード番号盗用によるインターネット上の加盟店での不正取引が増加している。

また、ショッピング枠を利用して商品を販売したと見せかけて実際は現金を提供するような違法な取引（金融取引）も増えている。

不正使用は 図表17 のように分類されるが、これは広義の不正使用全体を指し、一般的にカード不正使用を①「第三者不正」のみを狭義で指すことが多いため、以後、とくに断りのない限り不正使用の表記を狭義の第三者不正に限定する。

［図表17］不正使用の種類

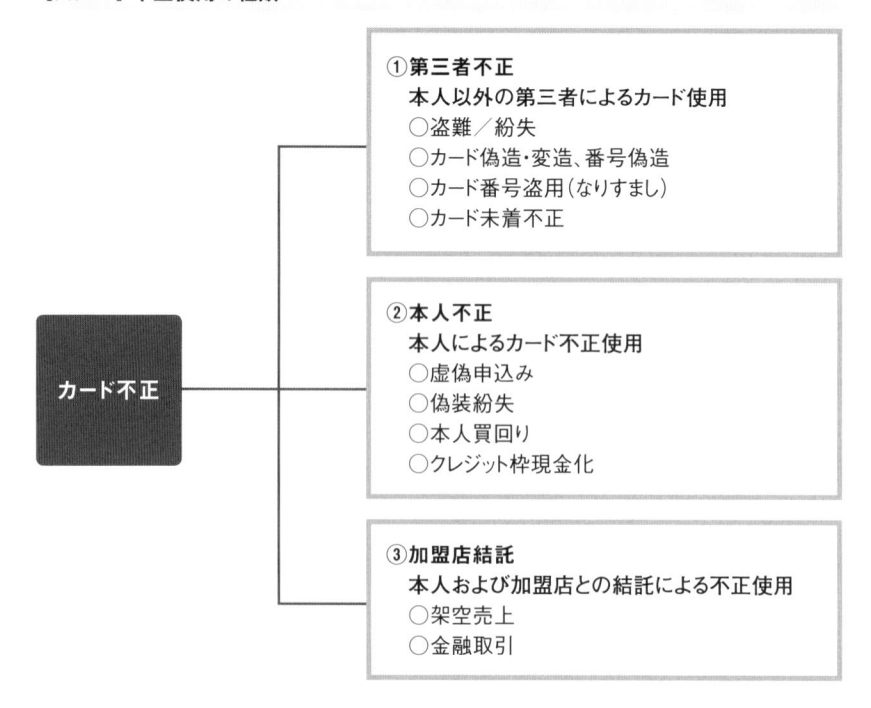

カード不正
- ①第三者不正
  本人以外の第三者によるカード使用
  ○盗難／紛失
  ○カード偽造・変造、番号偽造
  ○カード番号盗用（なりすまし）
  ○カード未着不正
- ②本人不正
  本人によるカード不正使用
  ○虚偽申込み
  ○偽装紛失
  ○本人買回り
  ○クレジット枠現金化
- ③加盟店結託
  本人および加盟店との結託による不正使用
  ○架空売上
  ○金融取引

b）被害額の推移

　不正使用は直近の10年間において2000年の308億円をピークに減少傾向にある。

　手口別にみると、10年前は盗難・紛失カードによる不正が大半を占めていたが、徐々に組織的かつ国際的な偽造カードの不正使用に変化してきた。しかし、ここ数年のカード業界を中心とした具体的な不正使用対策が奏効し、直近の数字はピーク時の3分の1程度まで減少している 図表18 。ただし、近年はその他不正が偽造を上回る傾向がある。これは、流出したカード情報を不正に利用したネット上のなりすましの増加によるものである。

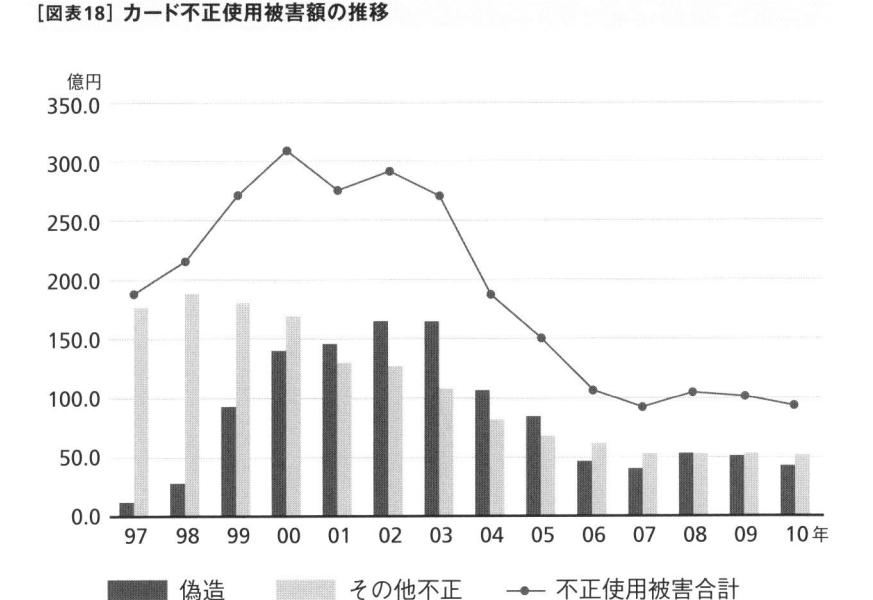

[図表18] カード不正使用被害額の推移

（資料）日本クレジット協会『クレジット産業白書』

2）不正使用の手口

a）盗難・紛失

　他人のカードを拾得・窃取した犯人が本人（カード名義人）を装い、換金目的で不正にカードを使用する手口。カードが会員本人の手元から離れることから、一般的に早期に会員本人が盗難・紛失に気付くため、窃盗犯のカード不正使用は短時間に行われ、換金が容易な商品を不正購入する場合が多い。

　不正使用では最も事例が多く、かつ古典的な手口である。また、不正使用に際しては、カード入手、有効性確認、買回り、換金などの各プロセスを別々の人間が行い、互いの関係が判明しないようにする傾向がある。不正使用に関わる者が組織化され、手口はより巧妙化・複雑化している。

b）カード偽造・変造、番号偽造

　クレジットカードの一枚一枚には、すべてユニークな（唯一の）カード番号が付番されているが、この正当なカード番号情報を不正入手して、その番号で新たに別のカードを作成することを偽造という。

　古典的な偽造には、エンボス部分の一部を鋭利な刃物で切り取り、別のカードに貼り付ける手口でカード番号の一部を変えたり、有効期限の一部を貼り替えて期限切れカードをまだ有効なものにみせかける――といった手口（貼替偽造）がある。また、エンボス部分を他の数字に改竄することで、全く別のカードや有効期限内のものに不正に作り変える手口（エンボス偽造）なども発生した。いずれも、オンラインオーソリの普及していない、インプリンターでカードの売上処理をしていた時代に生まれた偽造手口である（インプリンターはカードの上にカーボンのついた伝票を置き、上から擦り付けることで、エンボスを伝票に転写する装置）。

　決済端末が加盟店に普及し、オンラインオーソリがなされるようになると、磁気ストライプデータを不正に入手して別のカードにデータをエンコードする（書き込む）手口が横行した（エンコード偽造）。

ⅰ）カード番号盗用（なりすまし）

　インターネットの普及により、オンラインモールにおいて、実物のカー

[図表19] カード番号盗用（なりすまし）

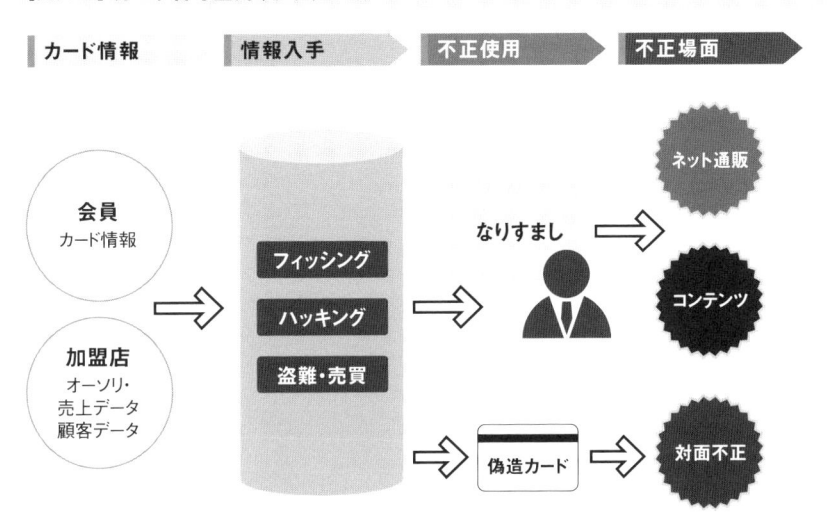

ドが存在せずとも、カード番号と有効期限というカード情報さえあれば、不正使用が行える環境ができあがった。

　ネット上のなりすましが増えた原因としては、まず、過去、日本では通信販売における不正使用がさほど多くなかったことから、従来の簡単な本人認証による販売を認めたことがあげられる。商品を受領するためには、基本的に実在する住所地が必要になるため不正使用を躊躇するといった抑制が働いているとの油断があったことも、不正使用対策が遅れた原因のひとつといえる。

　また、インターネットの特性である匿名性が、不正使用に拍車を掛けたことは否めない。カード番号盗用による不正使用は、インターネットの普及と同様、右肩上がりで急拡大している。

　さらに、インターネット上におけるカード情報の詐取や漏洩が増加したことも多大な影響を与えており、「セキュリティホールへのアタック→カード番号漏洩→盗用番号による不正使用」というパターンがインターネットを利用した不正使用の典型としてあげられるようになった 図表19 。

ⅱ）カード未着不正

　クレジットカードは新規・再発行・更新などで会員本人あてに郵送され

るが、この郵送途上においてカードが窃取されることがある。会員本人がカードを受領せずにこれが不正使用された場合、カード未着不正と呼ぶ。

カード発送にあたって転送不要郵便や本人限定郵便で発送するなどの対策を講じたことにより、この不正使用自体は減少傾向となった。昨今では不正使用ではないが、家人や同居人などによる会員本人の同意がない利用が発生する程度となっている。

なお、本人不正ならびに加盟店結託については、不正使用の一類型としてとらえることができるが、それらの対策は本書では会員の途上与信と加盟店管理の項で触れることとしたい。

3）不正使用対策の概要

a）不正使用検知システム

盗難・紛失カード不正使用対策のため、1990年代後半に大手カード会社が不正使用検知システムの導入を開始した。その後、欧米において実績のあるスコアモデル中心のシステムをベースに、次第に日本の実情に適したものへとアレンジ（ルールベース）を加えるレベルアップを施し、よりいっそう効果的なシステムへと変貌した。現在では、欧米系システムに加え、日本製システム、カード会社による自社開発システムがある［不正検知システム→P.37］。

b）不正されない仕組みの導入

2000年から不正使用対策の一環として世界規模でICカードの普及促進が検討・実施されており、日本においては日本クレジット産業協会（当時）や日本クレジットカード協会によるICカードの普及強化に向けた取組みとともに、実行に向けたスケジュールなどが決議された。ICカードの発行や加盟店決済端末のIC対応化など、ICカード化へのインフラ整備も進んできている［ICカード→P.140以下］。

また、磁気カードにおいてもオーソリ時のCVC、CVV［セキュリティコード→P.74］認証だけでなく、CVC2/CVV2や会員固有情報の認証などの工夫により、不正使用を困難にさせる仕組みを導入した。

c）法的整備

　2001年7月の刑法改正では、カード偽造を取り締れるようにするため、支払用カード電磁的記録に関する罪が新設された。これによりカードデータの不正入手からその共用、偽造カード譲渡・所持から準備・未遂まで、不正使用を広範囲に取り締れる体制が実現した。

d）取締当局との連携

　1993年以降順次「地区クレジットカード犯罪対策連絡協議会（12都道府県）」が設置され、①クレジットカード会社、警察庁ならびに都道府県警との相互理解と緊密連携、②クレジットカードに関するあらゆる犯罪の予防と排除——を目的に積極的活動を続けている。

　2000年9月には、全国の統括組織として、また「地区協議会」対象外エリアにも活動を展開することを主眼に「全国クレジットカード犯罪対策連絡協議会」が発足した。

4）国際ブランドの不正使用防止策

　ICカードの導入に加え、不正使用の種別と手口に応じて具体的な防止策が図られている。

a）3Dセキュア

　3Dセキュアは、カード会員、オンライン加盟店、国際ブランドの三者間で取引認証を行い、安全性を確保する仕組みである 図表20 。

　従来のインターネット上の非対面取引決済は、サイトログインID、パスワードでログインを行う認証が主流だが、決済の都度リアルタイムに本人確認を行うことは難しい。具体例をあげると、いったんサイトにログインした後で第三者がなりすましてカード決済を行う場合、その取引が本人によるものか否かイシュアーには区別がつかないという問題がある。

　3Dセキュアは、インターネット決済の際に加盟店側に導入したプラグインを通じて処理をいったんイシュアーのドメインに仕向け、イシュアーのドメインでカード利用者の認証（本人確認）を行うスキームである。

[図表20] 3Dセキュアの構成

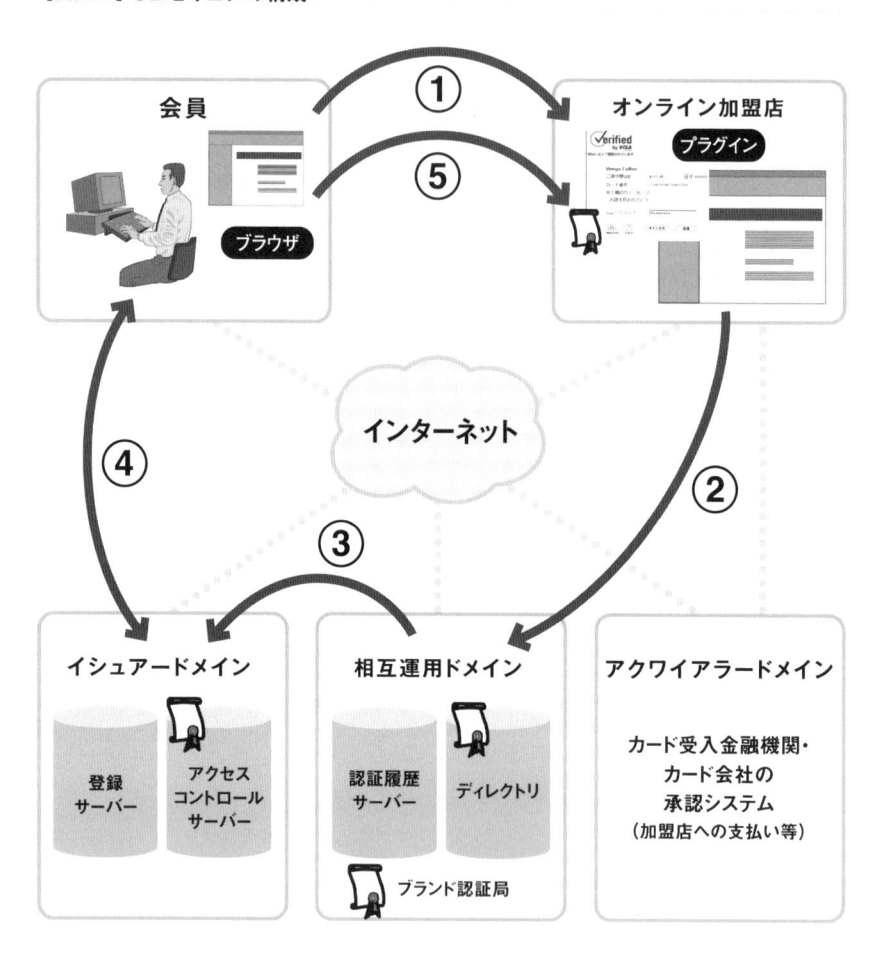

3Dセキュアによる認証の流れ
① 会員によるカード番号入力
② 加盟店プラグインが起動しディレクトリを照会
③ 加盟店プラグインがイシュアードメインへアクセス
④ イシュアードメインで本人認証（認証パスワード）を実施
⑤ 結果を加盟店に通知

このシステムに対応するには、国際ブランドが管理するディレクトリに対応するカード番号を事前に登録する必要がある。加盟店のプラグインは決済の際にディレクトリにカード番号の照会を行い、3Dセキュア対応済みのアカウントであれば、イシュアードメインでの本人確認を行う。そして、本人確認の結果（CAVV:Cardholder Authentication Verification Value）をオーソリ電文にセットした上でイシュアーにオーソリ照会を行う。3Dセキュアに対応していないカードでは、本人確認を行わずにオーソリを行う通常の非対面カード取引となる。

3Dセキュアを利用した取引では、イシュアーによる確実な本人確認が行えるという大きなメリットがある。しかし、カード番号の入力が求められる点は変わらないため、加盟店サイトに入力されたカード番号の管理方法が課題となる。なお、加盟店でのカード番号管理については、個人情報漏洩事故が問題視されるなか、国際ブランドが共同策定したセキュリティ基準（PCI DSS）により、要件が厳格に規定されている。

b）2要素認証

CVC/CVVあるいはPINなどの一般的なオーソリ時認証の他に、本人の属性など別の情報を認証作業に加えることで精度を高める。複数の本人認証を同時に行うことで不正確率を引き下げられるため、PINや3Dセキュアなどの登録ないしは制度的認証と、CVC2/CVV2などのカード固有の情報やIC取引、ホログラムなどの物理的認証を組み合わせることが重要である。

c）その他の認証

ⅰ）住所認証システム（AVS:Address Verification System）

クレジットカードによる購買をその請求先住所によって認証する仕組み。

顧客はオンライン取引の際に請求先住所を提示するよう求められ、その住所がクレジットカードの請求先住所と照合される。すでに米国などで実施されている。

ⅱ）カードセキュリティコード（CVV、CVC）

　ビザ、マスターカード、JCB、ディスカバーではカード裏面に、またアメリカン・エキスプレスではカード表面に表示された3桁または4桁の番号、マスターカードではCVC（Card Validation Code）、ビザではCVV（Card Verification Value）と呼ぶ、セキュリティコードで認証を行う仕組みを提供している。

　インターネット加盟店が実物のカードの提示を伴わない取引を安全に行えるようにするもので、取引の際に顧客にこのコードを提示してもらうことで、その顧客がカードを実際に手元に所持していることを確認する。

5）カード会社の不正対策実務

a）会員不正対策

　　オーソリのトランザクションごとに不正検知システムによるモニタリングを行う。不正使用の可能性のきわめて高い取引の場合は、そのオーソリ自体を自動的に拒絶することで不正被害を防止する。

　　また、不正の疑いが強い取引の場合は、そのオーソリ自体を自動的に保留して即時に会員調査・利用調査を行い、不正疑義を解明し、不正使用の拡大を防止する。

　　それ以外の不正使用が疑わしい取引の場合は、スコアリングあるいはルールに該当するか否かなどにより不正傾向をシステム的に選別する。不正の可能性が高い取引においては、個別に利用会員に問い合わせを行い、またアクワイアラーを通じて加盟店への照会を行うなど当該取引に対する不正有無の調査を実施する。

b）不正発生時の対応

　　オーソリ後の調査において、不正登録されていないカードによる不正取引と確認できた場合、当該取引を不正使用検知システムに登録するとともに、さらなる不正拡大防止のため、自動的に以後のオーソリに対して拒絶応答を返すための手続きを行う。

　　事後対応として、当該会員への対応を前提に関係各部署への連絡・連携、今般の不正使用傾向の分析、他に類似した取引有無の確認、不正使用の

発生した加盟店および関連売上についても調査を行う。
c）加盟店不正対策

　　不正検知システムによって加盟店ごとにオーソリをモニタリングし、個々の加盟店、個々の決済端末ごとに売上動向のチェック、偽造カードデータの流出元（スキミングの発生個所）や犯罪グループと結託して不正使用に荷担する加盟店の検出などを行う。

6）不正検知システム

a）スコアリング

　　オーソリのトランザクションごとに、不正使用の可能性を数値化してその確率を表示する。一般的には点数が高いほど不正の確率が高いとされている。

　　カード会社は 図表21 に列挙したおもな不正検知システムに代表される不正検知システムを導入、自社でカスタマイズを行った上で運用するケースが多い。一部には不正検知システムを自社で開発・運用するカード会社もある。

[図表21] おもな不正検知システム

名称	開発元	スコアモデル
Falcon	Fair Isaac	ニューラルネットワーク（人工知能）
PRISM	Retail Decisions	ニューラルネットワーク（人工知能）
ACE Plus	インテリジェントウェイブ	ロジスティック回帰分析

b）ルール

　不正使用手口を分析、ルール化することでオーソリトランザクションごとに不正使用のパターンとの整合性によりモニタリングを行う。

　欧米での不正検知がスコアリング中心であるのに比して、日本においてはシステム導入時点から、ルール＋スコアリングを採用するユーザーが多かった。

c）活用

　不正検知システムは、正常利用との違いをスコア化し、不正確率を予測するのに加え、過去の不正使用を分析し、よく使われる手口をルール化し、同様のパターンの利用があった場合に不正使用と認識できるように設計されている。つまり、スコアとルールというふたつの切り口からの分析を組み合わせることにより、モニタリングの精度を高めている点に特徴がある。

　ただし、スコアは時間とともに劣化し、ルールは不正手口の変化とともに無用となる。このため、常にルールの精度を検証し、精度が低下したルールの見直しを行い、一方で有効なスコア（ハイスコア）を組み合わせてルール自体の精度を引き上げることで、モニタリングを効率的にかつ正確に行うことが重要である。

1-3 アクワイアリング（加盟店）業務

　アクワイアリング業務は、決済カード加盟店の開拓、加盟店への売上代金の支払い、加盟店管理などの業務によって構成される 図表22 。日本ではイシュアーがアクワイアラーを兼ねているが、海外ではアクワイアリング専業の金融機関も少なくない。また日本のクレジットカード会社では多くの場合アクワイアリング業務は加盟店業務と等しい。

[図表22] 加盟店業務

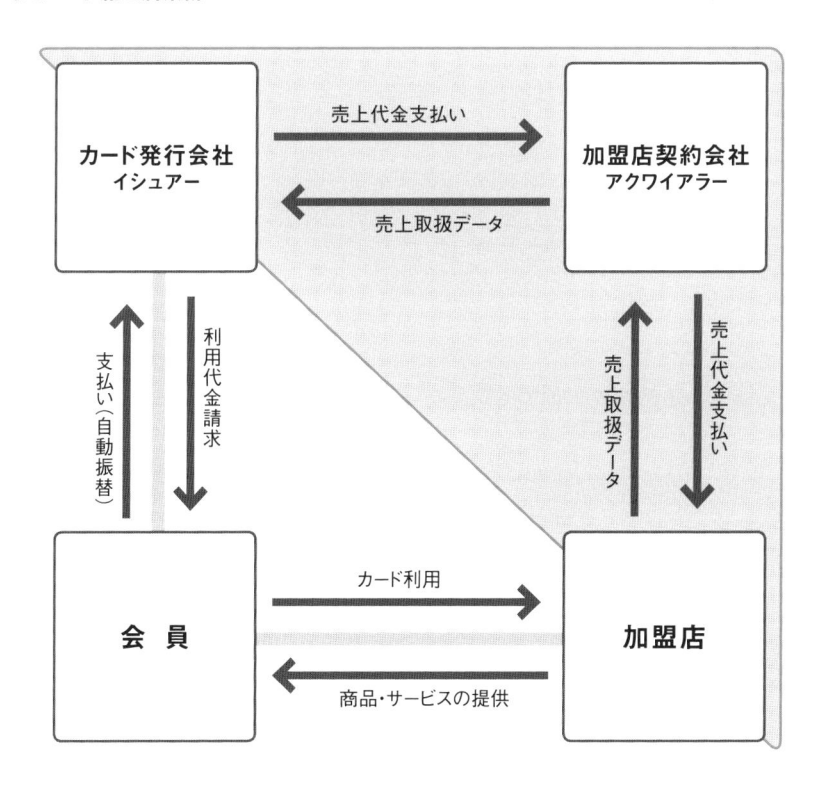

```
カード発行会社          売上代金支払い →        加盟店契約会社
  イシュアー          ← 売上取扱データ            アクワイアラー

    ↑   ↓                                         ↑   ↓
  支払い 利用代金請求                           売上取扱データ 売上代金支払い
 （自動振替）

    会　員            カード利用 →                  加盟店
                    ← 商品・サービスの提供
```

1-3-1 加盟店開拓

1）加盟店契約

　加盟店契約とは、加盟店になろうとする法人・個人および団体がアクワイアラーの定める規約を承認してアクワイアラーに加盟の申込みを行いカード加盟店としての地位を得る契約を指す。

　加盟店は決済カードを所持する会員が、加盟店規約に定められたカードを提示して物品などの販売、サービスの提供を求めた場合は、加盟店規約に従って会員の利用限度額の範囲内で信用販売を行う。また、加盟店はアクワイアラーにカード売上額の一定割合を加盟店手数料として支払う［加盟店手数料→P.107］。

　加盟店規約には、一括払い、リボルビング払いなどの信用販売の方法や、加盟店ごとに定められたオーソリが必要となる基準額［フロアリミット→P.126］によるオーソリゼーションの義務、不審な利用者や無効カードなどへの注意と対応、売買代金の支払い方法と期限などが定められており、加盟店に対してそれらの遵守を求め、各種の管理を行う業務が加盟店管理業務といえる。昨今では、売上データをもとにした購買動向の分析などを加盟店に提供するオプションサービスもある。

　加盟店が加盟店規約に定めるルールに違反した場合は、瑕疵売上として当該売上についてアクワイアラーへの債権譲渡［債権譲渡→P.5］の対象とならない。瑕疵売上が当該売上の資金精算後に判明した場合は、売上の買戻しが求められる。

2）加盟店契約の派生形態

　クレジットカードを取り扱う加盟店は、1つの銀行（アクワイアラー）のみと加盟店契約を締結することが原則（シングルアクワイアリング）だが、各国や地域の事情にあわせて派生的な契約形態が発生してきている。例えばわが国では国際ブランドを取り扱う以前から行われていたマルチアクワイアリングが国際ブランドカードの取扱いについても行われているが、これは国際ブランドの仕組からすれば例外的である。また、小規模な加盟店を数多く店子に抱える加盟店契約や、チェーン店の各支店とではなく本

部と包括的に契約するケース（包括加盟）も派生的な事例である。

a）マルチアクワイアリング

　マルチアクワイアリングとは、1つの加盟店が複数のアクワイアラーと加盟店契約を締結する形態を指す。一般に国際ブランドのアクワイアリングは1つの加盟店がアクワイアラー1社とのみ契約するシングルアクワイアリング方式 図表23 が主流であるのに対し、日本ではマルチアクワイアリング方式 図表24 が一般的となっているが、これは国際ブランドの定義・ルールにない派生的な契約形態である。

　マルチアクワイアリングは、図表24のとおり複数のカード会社と契

[図表23] シングルアクワイアリング

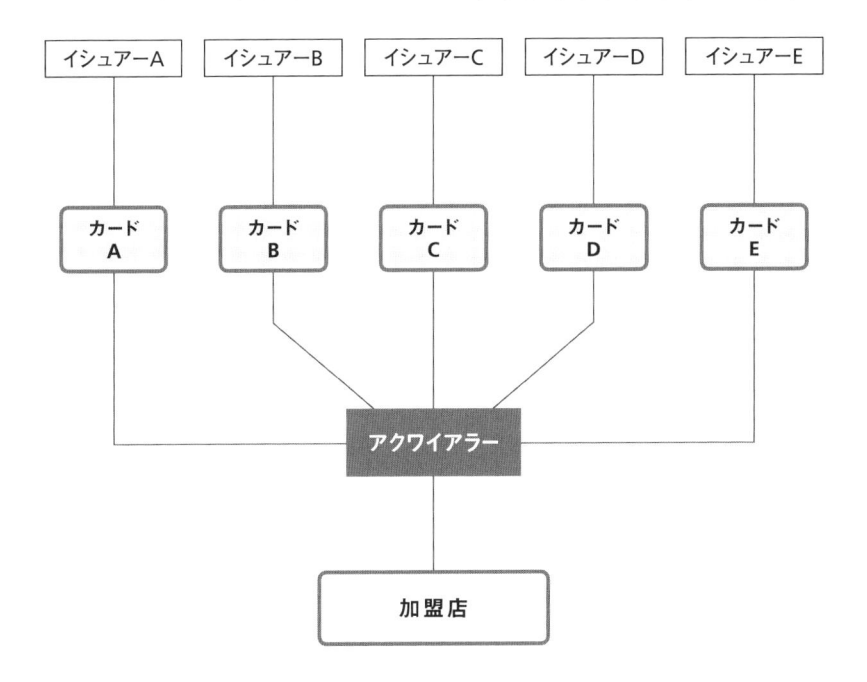

約し、アクワイアラー兼イシュアーであるカード会社が発行するカードの取引についてはオンアス取引［オンアス取引→P.124］となることが特徴である。

海外発行カードなど、加盟店と契約を持たないカード会社が発行したカードの場合は、決められたアクワイアラー（メインアクワイアラー）がアクワイアリング業務を行う。

b）包括加盟（決済代行事業者）
ⅰ）包括加盟の定義

包括加盟とは、商店会や同業者組合などの協同組合、インターネット

[図表24] マルチアクワイアリング

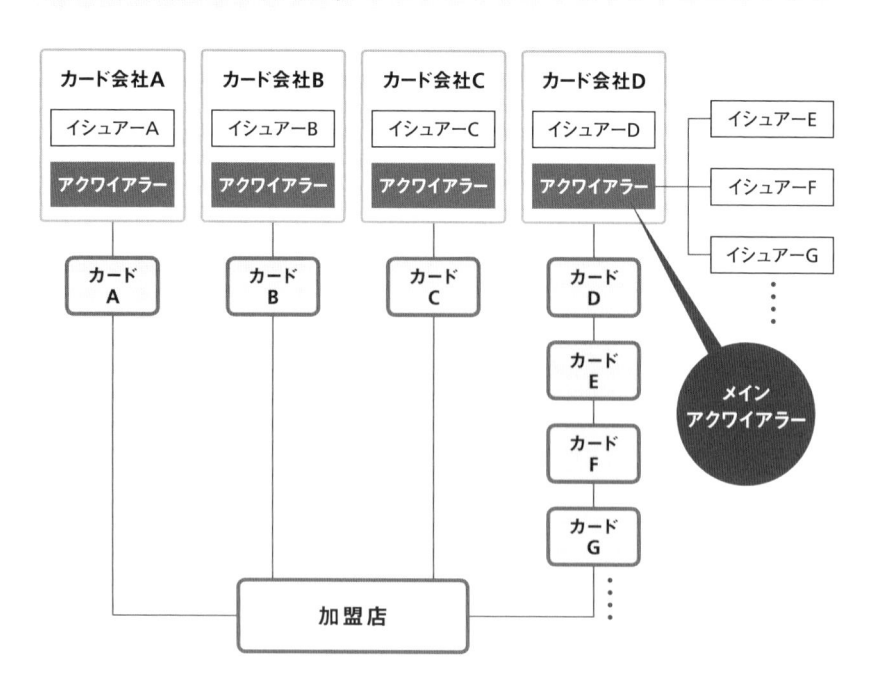

決済代行業者など一定数以上の店舗を一括して扱う組織または事業者が代表してアクワイアラーとの間で法的行為を包括して加盟店契約（包括代理加盟店契約、包括加盟店契約）を行う場合を指す 図表25 。

ⅱ）包括加盟の契約形態

　一般的にアクワイアラーは代表した組織（包括代理先）である決済代行事業者と包括代理契約を締結、個々の加盟店はその包括代理先と契約する。店舗の加盟審査権はアクワイアラーにある。また、アクワイアラーによっては店舗・包括代理先間との契約に加え、店舗・アクワイアラー間にも契約を締結するところもある。

　このような契約方式は「店子方式」とも呼ばれ、アクワイアラーにとっ

[図表25] 包括加盟

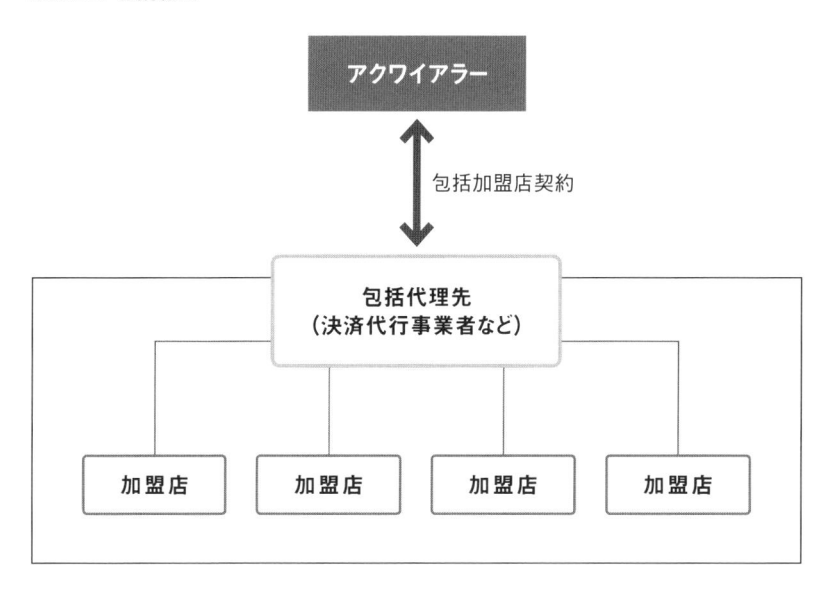

ては効率的に加盟店獲得ができる、包括代理先は業務代行手数料などを各加盟店（店子）から徴収し、さらに加盟店手数料の低減をアクワイアラーに求めることで、手数料収入が得られる——といった双方にメリットがある関係が成り立っている。

　三者の関係を整理すると、①加盟店（店子）は、アクワイアラーとの間で発生する業務を包括代理先に委託する、②包括代理先は、加盟店からは業務委託を、アクワイアラーに対しては包括代理権を有し、加盟店と連帯して責任を負う、③アクワイアラーは、各加盟店に対しての加盟契約、審査、途上管理などの管理義務を負う——となる。

ⅲ）加盟店審査

　店舗の加盟審査権はアクワイアラーに存在するが、代行先も連帯して不芳加盟店排除の責任、経済的な責任を負う契約であるため、獲得時においては加盟店獲得代行先が一定の審査を行ったうえでアクワイアラーに審査を委ねている。

　なお、ビザにはアクワイアリング・エージェント（AA）と呼ばれる制度があり、アクワイアラーが加盟店獲得代行先に加盟店契約を委託する場合、事前にビザに申請することを義務づけている。

ⅳ）利用代金の支払い

　アクワイアラーから加盟店へ支払われる利用代金は、いったん包括代理先に支払われ、包括代理先が業務代行などの手数料を減じた額が加盟店に支払われる。アクワイアラーから加盟店への支払いは通常1カ月につき2回程度であるが、加盟店への支払い回数を増やすなどのサービスを提供し、差別化を図る包括代理先もある。

ⅴ）包括加盟における課題

　包括加盟ではアクワイアラーと加盟店の間に包括加盟業者（あるいは決済代行業者）が介在するために、加盟店への未払いリスクや、加盟店審査が不十分になる可能性をはらんでいる。また、近年は決済代行業者の店子が決済代行業者となるケースも存在し、結果的にアクワイアラーから末端の加盟店の状況が把握しにくい状況を生み出している。

　さらに、近年は一部の決済代行業者が審査の甘い海外のアクワイアラー

と契約する事例もある。そのような場合、日本のアクワイアラーが加盟を認めないような公序良俗問題などに抵触する業態や、そもそもカード加盟店にふさわしくない先など不芳加盟店と契約し、結果的に詐欺商法などの温床となることもあり、大きな問題となっている。

Column　マルチアクワイアリング発祥の経緯

80年代まで、日本では各カード会社が自社の特定ブランドカードのみを受け入れる方式で加盟店開拓を進めていた。一例を挙げれば、ユニオンクレジット、ダイヤモンドクレジット、ミリオンカード・サービスの3社（いずれも社名は当時。現在はユーシーカード、三菱UFJニコス）はそれぞれUC、DC、MCのブランドで各店舗を加盟店化し、ユニオンクレジットと加盟する加盟店（UC）で、ダイヤモンドクレジットが発行するDCカードが受け入れられないという状況であった。しかし、加盟店は取り扱うカードのブランドを限定せずに多くのカードを受け入れる必然性があるため、3社それぞれと加盟店契約を行う、「マルチアクワイアリング」方式の加盟店展開が進んだ。

この3社はいずれもマスターカード・インタナショナルに加盟しており、各々のカードにはマスターカードブランドロゴと、個々ブランドロゴ（UC、DC、MC）が表示されていたのだが、国際ブランド（マスターカード）のマークは、「海外に渡航した場合に利用可能なブランド」という位置づけで、国内でマスターカードブランドが実質的に機能しなかったのである。

これは現在の電子マネー（WAON、nanacoなど）の加盟店展開の状況に類似する。

しかし、国際ブランドからみれば、加盟店が全てのカード会社と契約しない限りマスターカードの受け入れができない状況は不自然である。そこで、この状態を打開すべく、1989年9月にマスターカードが「ブランドルールに従い国際ブランドを使用したクレジットカードは同ブランドとの提携契約のあるアクワイアラーの契約加盟店で等しく利用できるべきである」、という明確なポリシーを打ち出し（ビザは同年4月に同様な方針を明確化）、各カード会社の加盟店は他社が発行するマスターカードブランドを付したカードも利用できるように「加盟店開放」を行った。それによりマスターカードブランドのカードはいずれの加盟店でも利用可能となった。また、ほぼ同時に前出の3社はビザ（当時住友クレジットサービス（現三井住友カード）が加盟店展開）とも契約しビザの取扱いも開始

した。当時ビザのみを取り扱っていた住友クレジットサービスもほぼ同時にマスターカードに加盟（オムニカード協会を設立）することで各カード会社は国際ブランドのデュアル化（ビザ、マスターカードの両方に対応）が進み、結果的に1989年を境に多くのクレジット加盟店でビザ、マスターカードの両方の利用が可能となった。

　これを機会に各カード会社（アクワイアラー）はようやく国際ブランドに加盟する他社のカードの売上げも取り扱うことができるようになり、本来のビザ、マスターカードを取り扱うメリットを最大限に享受することとなった。つまり、アクワイアラーとして取り扱ったカード売上げによって自社の業容を拡大、加盟店手数料収入の増加を図れるようになったわけで、これにより銀行系のみならず、当時ビザ、マスターカードへの加盟が始まったノンバンク系のカード会社もアクワイアリングに注力するようになった。

　一方、各カード会社の加盟店はビザまたはマスターカードの国際ブランドのついたカードの取扱いができる加盟店として、その位置付けが変化した。いいかえれば、加盟店は国際ブランドのメンバーであるアクワイアラーの1社だけと契約を締結すれば、当該国際ブランドのすべてのクレジットカードを取り扱えるようになり（シングルアクワイアリング方式が可能になった）。売上計上なども当該アクワイアラーに一本化することで事務的負担の軽減の恩恵にあずかれるはずだった。

　しかし、現実には、自社の加盟店契約を維持しようとするカード会社の意向が働き、同じ国際ブランドに加盟する複数のアクワイアラーとの個別契約がそのまま残る形となった。

　こうした経緯から日本では、世界でも珍しいマルチアクワイアリングの運用が多く残っている。加盟店サイドにとっても複数の会社と契約していたほうが加盟店手数料の価格交渉が有利に進められるといった思惑があったようだ。また、カード会社の力が拮抗していたため、特定のアクワイアラーに絞り込みにくいという当時の状況も背景にあったといわれている。

3）加盟店の種類

a）対面販売

　通常の店舗販売のようにカード利用者が店舗に来店し、店員が応対してカード支払いを受ける販売方式をとる加盟店を指す。カード利用者は店員にカードを提示し、店員が署名を確認するか、カード利用者にPINを入力してもらうことで本人確認を行う。イベント会場などでの非常設（無店舗）販売なども含まれる。

b）非対面販売

　カタログ、テレビ、インターネットなど各種メディアを使った通信販売のように電話、ファクシミリ、郵便、ウェブサイトなどで商品・サービスを購入する際にカードで支払う販売方式をとる加盟店を指す。カード利用者が来店せずにカードで支払うため、加盟店はカードの提示を受けない。署名、PINによる本人確認が省略され、有効期限やセキュリティコードなどによってカードの有効性のみを確認することが多い。

4）加盟店の獲得（募集）方法

a）直接獲得

　アクワイアラーが加盟店と直接加盟店契約を締結するにあたっては、アクワイアラーが営業活動によって加盟店と契約する場合（いわゆる「加盟店営業推進」）と、加盟を希望する店舗・事業者がアクワイアラーに自主的に申し込む直接申込みとがある。

　かつては、アクワイアラー間で激しい加盟店獲得競争が行われ、手数料率の低下を招いたが、近年は非接触ICを利用した少額決済など新しい支払いサービスの提供による付加価値付けを図り、採算性を重視した営業スタイルに変化している。

b）加盟店営業推進による契約

　各アクワイアラーが、当該店舗が自社加盟店として基準に合致している業種か、事業内容や営業推進方法が法的に問題ないか、不特定多数の

カード会員が利用できる先か——などを実際に確認できるメリットがある。また、店主や従業員とも直接会話をすることにより営業形態の確認もできる。

しかし、営業推進には時間がかかることに加え、人員など経営資源の負担となるため、最近では①地域担当制により、新規獲得およびメンテナンスを一括して業務運用、②獲得担当とメンテナンス担当の分業化、③新規獲得営業を契約社員に一任、④一部業種の新規獲得・メンテナンス業務の外部委託化——など、営業推進はさまざまな業務形態で行われている。

c）店舗からの直接申込みによる契約

加盟希望店舗がアクワイアラーに自主的に申し込む方法で、取引銀行経由の申込みなども含まれる。一定の審査ラインを設けて書面審査を行い、必要に応じてアクワイアラーによる営業推進と同様に、店舗確認や直接面談なども行っている。

d）包括代理（代行）による契約（間接獲得）

アクワイアラーと包括代理契約を締結した加盟店獲得代行先（包括加盟会社）などが、当該契約先アクワイアラーの加盟店を募集する方法を指す［包括加盟→P.42］。

1-3-2 加盟店審査

加盟店については、カード会員が加盟店で安全に、かつ安心してカードを利用できるように、割賦販売法、特定商取引法などの法的規制に加え、アクワイアラーが加盟店規約や自主ルールなど一定のルールを設けており、それに基づき加盟店の適格性を総合的に判断している。

1）加盟時審査

新規申込み時に、①申込み事実の確認、②業種・業態等は法規制、自主ルー

ル(基準)に抵触しないかどうかの確認、③社内外情報の確認、④加盟店情報機関への照会——などを実施したうえで、「加盟店としてふさわしいか否か」を前提とした総合的な審査を行う。

2)途上審査
　加盟店情報機関への照会のほか、加盟店の規模に応じた利用状況かどうか、取扱件数・品目などに異常がみられないか、などのチェックを行う。

1-3-3 加盟店管理

1)加盟店管理の目的
　販売勧誘行為や事務処理に問題があり購入者とのトラブルが頻繁に発生する、あるいは不正利用を企む者と結託し犯罪に荷担する(加盟店結託)など、問題のある加盟店との加盟店契約を継続していると、決済カードの信頼性が失われかねない。アクワイアラーにはこれらの問題を未然に防ぎ、あるいは最小限にとどめる義務がある。そのため、アクワイアラーは、加盟店契約締結後も加盟店に問題が生じていないかを絶えず管理しなければならない。
　国際ブランドは、不正取扱いやチャージバックが多いなどの理由により加盟店にふさわしくないと認定した場合は、当該加盟店と加盟店契約を締結したアクワイアラーに制裁を科すルールを策定・運用している。これは、アクワイアラーがペナルティを避けるために加盟店管理を徹底することを期待しているからである。
　一方、加盟店管理には、決済カードの利用が円滑に行われる環境を確保するという目的もある。このため、アクワイアラーは加盟店に対するカード処理事務の指導、加盟店ステッカー、各種帳票類、決済端末の整備も、加盟店管理の一環として行っている。
　このように加盟店管理は、消費者保護だけでなく会員の利便性向上の観点からも非常に重要な業務といえる。

2）割賦販売法改正に伴う加盟店管理の強化

2009年12月に施行された改正割賦販売法による規制は、いわゆるショッピングクレジットを指す個別クレジットにとどまらず、包括クレジット、つまりクレジットカード・ショッピング（リボ・分割等）にも及んでいる［改正割賦販売法の影響→P.20］。

改正割賦販売法では加盟店情報交換制度が設けられ、認定割賦販売協会の協会員であるカード会社に加盟店情報の提供義務を課し、協会に対しても照会に回答する義務を課している。加盟店に関する苦情を受け付けたときは遅滞なく原因究明を行うことが義務付けられており、その結果をふまえて情報登録が行われる枠組みとなっている。

認定割賦販売協会として認定を受けた日本クレジット協会（JCA）は同制度に基づき、加盟店情報交換センター（JDMセンター：JCA Data of Merchant Center）を設置、自主ルールとしてアクワイアラーに加盟店情報の登録を義務づけた。ただし、海外加盟店については対象外とされた。

なお、銀行系カード会社でつくる日本クレジットカード協会（JCCA）にも加盟店信用情報センターが設置されている。

3）加盟店管理の実務

アクワイアラーは、事故や不正取引の防止、加盟店の支援などさまざまな観点から加盟店管理業務を行う必要がある。加盟店管理業務の概要を 図表26 にまとめた。

a）加盟店事故の防止対策

契約時から継続的なモニタリングを行い、事故を未然に防ぐ。

b）加盟店支援業務

ア）新規加盟店向け業務

加盟店審査を経て新たに加盟店となる店舗に対してアクワイアラーは、①加盟店データベースへの登録、②決済端末を設置する業者の手配、③「加盟店セット」などと呼ばれる売上伝票の集計表、アクセプタンスマーク、取扱いの手引き書、決済端末のロール紙など用品類の送付——などを行う。

[図表26] 加盟店管理の実務

1. 加盟店管理のアウトライン

事故の未然防止の対応

加盟申込時の初期審査	店舗の実地調査、企業情報のチェック
加盟店静的途上管理	継続的な審査による加盟店の信用状況の把握
加盟店動的途上管理	モニタリング、ビヘイビア審査による売上状況・売上内容の妥当性判断
情報収集と提供	社内外との連携による手口傾向の把握

事故発生時の対応

注意指導・売上取消・契約解除	綿密な調査と適時適切な毅然とした対応

2. チェックポイント

売上ボリュームや取扱・ビヘイビアの異常	同一会員の買回りチェック 売上金額チェック(突発性異常) 分割売上などの作為性チェック
取扱売上に関する事故関連	事故カード利用多発、同一事故カード利用、不良会員およびその予備軍の集中利用、瑕疵疑義売上散見などをチェック
モニタリング、調査先加盟店の売上げ	管理コードなど要注意コードが登録されている加盟店の売上状況チェック
取扱手続に瑕疵のある売上げ	承認番号漏れ、有効期限経過、売上後長期経過、先日付販売、不良・退会カード売上げ、事故・無効カード売上げなどによる瑕疵売上げ(取扱規約違反売上げ、作為売上げ)の発生をチェック

イ）既存加盟店向け業務

　既存加盟店に対しては、①売上伝票の集計表やインプリンター用複写式売上票、伝票送付用の封筒といった備品の補充、②サイン照合やPIN入力の徹底などオペレーション指導——などを行う。

　なお、決済端末用の感熱式伝票の送付、決済端末のメンテナンスやサポートは、決済端末メーカーや情報処理センターが行うことが多い。

c）加盟店の退会

　加盟店／アクワイアラー間の加盟店契約を終了することで、その店舗は加盟店としての地位を失う。加盟店に設置されていた決済端末は、アクワイアラーが貸与していた場合は、アクワイアラーに返却するよう求める。

ア）任意退会

　おもに加盟店側が何らかの理由によりカード取扱いを中止し、加盟店契約を終了させたい場合。加盟店規約違反のない場合は、この手続きによる。

イ）強制退会（資格取消）

　加盟店の規約違反が判明した場合はその資格を強制的に失い、支払うべき債務がある場合は直ちに支払う旨が加盟店規約で定められている。また、別途損害賠償の必要な場合はその請求を行う。

4）加盟店管理業務の課題

a）加盟店管理業務の位置づけ

　営業部門内に加盟店管理組織を設置するケースにおいては、営業推進上の要請から管理業務を徹底することが難しくなる。反面、管理業務を厳格に運営し過ぎると、カード売上げの他社流失による収益減少などの問題が発生する。アクワイアリング業務を適切に運営するには、組織的な位置づけと業務運用方針の明確化が求められる。

b）包括加盟（決済代行事業者）における問題

　決済代行事業者が複数の加盟店を代表してアクワイアラーと加盟店

契約を結ぶ包括加盟では、アクワイアラーが直接加盟店と接点を持たないケースや、アクワイアラーと取引関係にある決済代行事業者から設備を借り受けて孫請けで包括代理を行う決済代行事業者も存在することから、以下のような問題が指摘されている。

ア）加盟店への未払いリスク

　決済代行事業者が破綻した場合、アクワイアラーが決済代行事業者にいったん支払った立替払金が加盟店に支払われなくなる可能性がある。

イ）加盟店審査

　店子である加盟店と包括加盟店契約を締結する際、決済代行事業者を介するため、アクワイアラーが関与しないケースがある。加盟店審査が不十分となり、不芳加盟店が発生する可能がある。

ウ）チャージバックルールの整備

　国際ブランドは、加盟店における不正・瑕疵取引について、イシュアーがアクワイアラーに対して支払拒否または返金請求を行うことができると定めている［チャージバック→P.108］。アクワイアラーは該当する売上代金について加盟店への支払いを拒絶できる。

　日本の加盟店業務においては、競争の激化などにより加盟店が優位な地位に立つことが多く、国内の取引ではチャージバックルールの厳格な運用が行われていない。今後運用ルールの整備が求められよう。

エ）決済代行事業者のクロスボーダー取引問題

　近年わが国では出会い系サイト、マルチ、詐欺などの悪質商法に絡む加盟店による国際ブランドカード決済が問題となっている。国内アクワイアラーはそのような加盟店と契約しないため、加盟店は決済代行事業者と契約する。さらに決済代行事業者のなかには海外アクワイアラーと契約するところもあり、結果的にそのような加盟店は国内カード会社（アクワイアラー）の管理が及ばず、不良取引の温床となる傾向にある。

　ビザではアクワイアラーによる海外加盟店との直接契約（クロスボー

ダーアクワイヤリング）を原則として禁止（航空会社、国際通運会社など例外的に認められる事例もある）しているが、現実的に国内法の網にかからない海外のアクワイアラーの規制は難しく、国際ブランドルールの効力は弱い。

　このような事例では現実的に海外アクワイアラーに加盟店管理責任を問うことが難しく、現実的にはイシュイング業務における不正使用対策［不正使用対策→P. 28以下］と連携するなど、加盟店業務に限定しない総合的な対応が求められる。

1-3-4　加盟店債権の管理

1）債権管理の範囲

　加盟店業務で管理する債権には、アクワイアラーが譲り受けた（に譲渡された）加盟店による信用販売の売上債権（債権譲渡スキームの場合）のほか、加盟店規約違反による買戻しの特約により生じた返金の債権、加盟店に対する物品販売の請求、損害賠償請求などがある。

2）売上債権

　加盟店は、カード会員に対する信用販売により売上債権を取得し、それをアクワイアラーに債権譲渡する［債権譲渡→P. 5］。債権譲渡の方法は、加盟店が売上票を支払い区分・種別ごとに取りまとめ、一定期間内に売上集計票を、または決済処理端末から売上データをアクワイアラーもしくはアクワイアラーが指定する先（情報処理センターなどが多い）に送付・伝送することで行う。

　アクワイアラーは売上債権の買取代金から加盟店手数料を差し引いた額を加盟店に支払う。債権譲渡と債権買取代金の支払い（加盟店からみれば、売上票の送付と売掛金の入金）は一定のサイクルで行われており、国内では15日までに売上票がアクワイアラーに到着した売上げについては当月末日に、月末までに到着した売上げについては翌月15日に加盟店が指定する金融機関口座に入金されるケースが多い 図表27 。

　なお、わが国では1つの加盟店が複数のアクワイアラーと加盟店契約を

[図表27] 代表的な売上・入金サイクル

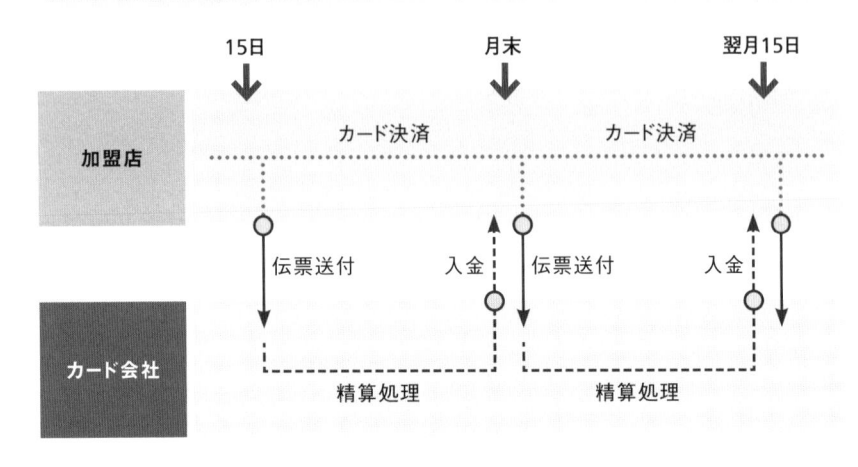

```
        15日            月末           翌月15日
         ↓              ↓               ↓
加盟店 ·····カード決済·········カード決済········
         ○              ↑○             ↑○
       伝票送付    入金  伝票送付   入金   ↓
         ↓              ↓
カード会社 ·······------······-------······
           精算処理        精算処理
```

○ 加盟店は15日、月末の月2回カード会社に伝票を送付
　（一般手的に、決済発生日にカード決済代金を売掛金または未収金として処理）
○ カード会社からの入金は15日、月末の2回

[図表28] おもな買戻し理由

① 加盟店がアクワイアラーと締結している加盟店規約などに違反した場合
② 売上票が正当でない、または売上票の内容が不実・不備である場合
③ アクワイアラーの承認を必要とする場合に加盟店が承認を得ないで信用販売を行った場合
④ 信用販売を行った日から一定の期日を経過した後に売上債権をアクワイアラーに譲渡した場合
⑤ 偽造・変造など明らかに不正と判断できるカードを取り扱った場合
⑥ サイン照合やPIN入力など定められたオペレーションを行わずに取引を行った場合
⑦ 法令などに違反する取引を行った場合

締結するマルチアクワイアリングが常態化しており［マルチアクワイアリング→P.41］、このような環境では、加盟店は売上票・売上データをアクワイアラーごとに仕分けた上で、各社に送らなければならない。

そこで、売上データをまとめて預かり、各アクワイアラー宛に仕分けて伝送するサービスが情報処理センターから提供されている［情報処理センター→P.114］。

3）買戻し特約などによる債権

加盟店規約には、図表28 に列挙した事由が発生した場合、アクワイアラーは売上債権の買取りを取り消す、または解除できる旨が定められている。

アクワイアラーは売上債権についてこのような事由に該当する疑いがあると認めた場合、調査が完了するまで買取債権代金の支払いを保留する。その結果、アクワイアラーが売上債権の買取りを取り消すか解除した場合、債権買取代金の支払いを拒絶できる。すでに加盟店が当該債権の代金を受領していた場合は、加盟店は直ちにアクワイアラーに返金しなければならない。加盟店が遅滞なく返金しない場合、次回以降の加盟店に対する支払いと相殺される。

第 2 章

カード決済
ネットワークの
概要と実務

2-1　国際ブランドの仕組みと運営

2-2　国際ブランドルール

2-3　国際ブランドプロダクツ

2-4　国際間の決済ネットワーク

2-5　国際ブランドを支える決済ネットワーク

2-6　国内の決済ネットワーク

2-7　決済実務の概要

第2章 カード決済ネットワークの概要と実務

2-1 国際ブランドの仕組みと運営

2-1-1 国際ブランドとは

　国際ブランドとは、世界規模で展開する決済サービススキームを主催、所有あるいは管理する団体を象徴的にいい、クレジットカードの代表的ブランドのビザ、マスターカードなどがその例である。

　ただし、国際ブランドなる用語は、我が国のクレジットカード業界でよく用いられる俗称であり、その意味が明確に定義されているわけではない。意味をより明確化するためには「国際決済ブランド」などの造語を用いるべきところではあるが、決済（クレジットカード）サービスに限定すれば誤解を生じる心配もないため、本書では「国際ブランド」をそのまま用いることにする。

2-1-2 国際ブランドの運営

　国際ブランドのなかには、決済ネットワークの管理運営、ブランド規約の策定などいわゆる国際ブランド業務に専念し、自らクレジットカードの発行や加盟店獲得など（カード業務）は行わないものと、国際ブランド業務に加えカード業務も行う2種類がある。ビザ、マスターカードは前者にあたり、JCB、アメリカン・エキスプレス（アメックス）、ダイナースクラ

[図表29] 国際ブランドの種類

	国際ブランド会社（Visa方式）	国際ブランド会社（AMEX・JCB方式）
例	○ビザ・インク、ビザ・ヨーロッパ ○マスターカード・ワールドワイド ○中国銀聯	○ジェーシービー ○アメリカン・エクスプレス・インターナショナル ○ダイナースクラブ（シティーカードジャパン）
主な業務	○国際決済ネットワークの管理運営 ○国際ブランドロゴの管理 ○ブランドルールの策定と管理	○国際決済ネットワークの管理運営 ○国際ブランドロゴの管理 ○ブランドルールの策定と管理 ＋ ○カード発行業務 ○加盟店業務 ○ローン等
エリア	○世界各地	○世界各地
その他	○世界で利用できるカード番号帯の利用権をISOから取得している（3、4、5、6から始まるカード番号）	○世界で利用できるカード番号帯の利用権をISOから取得している（3、4、5から始まるカード番号） ○国際ブランド業務に加え、カード会社としての業務を実施。独自に加盟店開拓やカード発行も手がける

ブなどは後者にあたる 図表29 。

2-1-3 国際ブランドの組織

　ビザ、マスターカードは、国際ブランド業務のみに特化したスリムな組織（株式会社あるいは組合組織）を各地域（アジア太平洋地域、北米地域など）に設置している。

　カード業務を行う金融機関やクレジットカード会社は、地域の国際ブランドとメンバー契約（メンバーシップ制）し、フィーを支払う対価として国際ブランドのロゴや決済ネットワークの使用権、カード発行権などを得て、カード業務を行う。メンバー契約に際し金融機関やクレジットカード会社は国際ブランドが定める一定の条件（信用情報、事業内容、事業規模など）を満たすことが求められる 図表30 。

[図表30] 国際ブランドとカード会社の関係

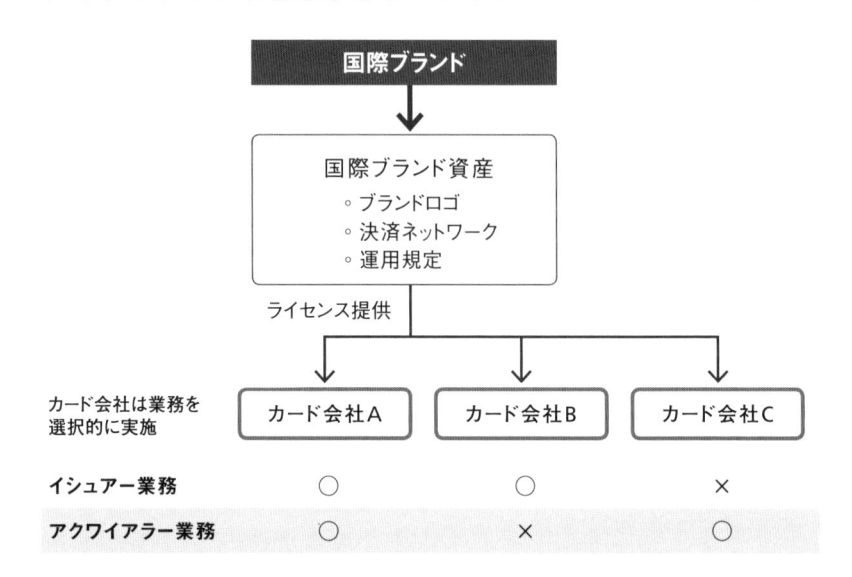

国際ブランド
↓
国際ブランド資産
- ブランドロゴ
- 決済ネットワーク
- 運用規定

ライセンス提供
↓

カード会社は業務を選択的に実施

	カード会社A	カード会社B	カード会社C
イシュアー業務	○	○	×
アクワイアラー業務	○	×	○

2-1-4 ビザ、マスターカードのブランド運営

　ビザとマスターカードは異なる国際ブランドだが、ブランド組織の運営スタイルは酷似しており、仕組みなどの普遍的な要素やその概念には共通する部分が多い。以下にそれを解説する。

1) ブランド資産：決済ネットワーク

　国際ブランドの持つ最大の資産は、クレジットカードなどの決済に必要な決済ネットワークである。決済ネットワークは、主に国や地域をまたぐ取引（カード発行国と利用された国が異なる場合の取引）で用いられるもので、後で述べるオーソリゼーションやクリアリングやセツルメントなどのための電文を、取引発生国からカード発行国に送り届ける役割を担う。これにあたるものはビザが持つVisaNet、マスターカードが持つBankNetなどである。

　国や地域によっては、地域に閉じた独自の決済ネットワークがあり、多くは各国、各地域のシステム会社や公的機関などにより運営されている。

独自の決済ネットワークは実質的に地域内の取引をサポートしており、地域を越える取引に限って国際ブランドの決済ネットワークが利用されるのが実態である。我が国では、CAFIS、CARDNET［CAFIS、CARDNET→P.115ページ］などが独自ネットワークの事例がある。

2）地域制とメンバー制による合議プロセス

国際ブランドの組織は地域制をとっており、概念的には 図表31 のような構造になっている。本部が国際ブランドを取りまとめ、それが地域（Region）、そして国（Country、Sub-region）を従える体系である。本部は国際ブランドの発祥でもあるアメリカにある。

[図表31] 国際ブランドの地域制

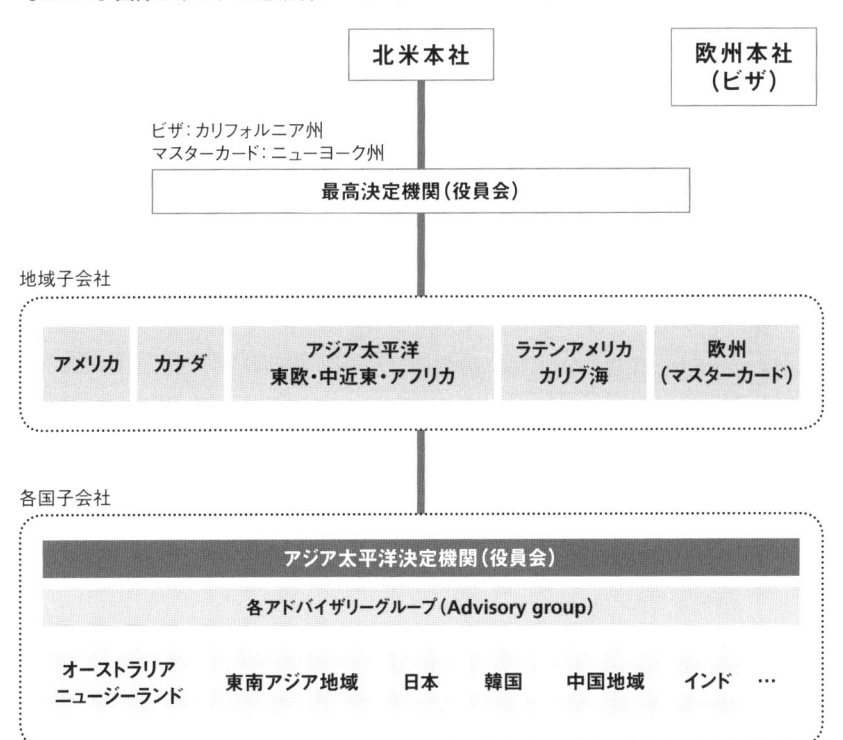

案件の重要度や投資の規模によって部門長、役員、社長と承認レベルが異なる一般企業の稟議システムと同様、国際ブランドへの影響度合いに応じて国から地域へ、地域から本部へと上位レベルに上げられ、最終的に本部レベルで合議される──というのが原則である。しかし、この原則は近年ビザ、マスターカードのブランド運営組織の株式会社化によって崩れつつある。

とくに、ビザの場合は、株式会社化以前は北米本部が欧州も含め全世界の最上位組織となっていたが、株式会社化の際、欧州地域（EU加盟国）が法人化されず別組織として分離した。そのため、現在は、北米本社を中心とするブランド会社と、EU地域国を束ねる欧州本部に2分され、指揮系統も全く異なる組織となった。

3）国際ブランドメンバー

ビザやマスターカードと直接メンバー契約を締結した企業を一般に「メンバー」と呼ぶが、より明確に述べるために本書では「国際ブランドメンバー」と表記する。

国際ブランドメンバーは、メンバー契約に基づき国際ブランドに対し所定の会費やカード決済の取引量に基づくフィーを支払う他、後で述べるインターチェンジシステム［インターチェンジシステム→P. 85］に従いメンバー相互間で日々のカード決済代金を相殺決済（セツルメント）している。

また、国際ブランドメンバーは、ビザやマスターカードのブランドロゴを用いてカード発行業務（イシュイング）、加盟店業務（アクワイアリング）をすべて、あるいは選択的に実施することができる。しかしその業務は国際ブランドが定める厳格なルール（国際ブランドルール）に従うことが求められる。

国際ブランドメンバーには、国際ブランドとの直接契約に基づきカード事業を展開する一次カード会社と、資本関係などを裏付けに既存の国際ブランドメンバーを介してカード事業を行う二次カード会社の2種類があり、前者をプリンシパルメンバー、後者をアソシエートメンバー、と呼んで区別することもある 図表32 。その違いは、メンバー契約時にその事業規模や信用度に応じて国際ブランドが個別に判断することが多いが、金融機関が自ら希望してどちらかを指定することもある。いずれの場合もカード事

[図表32] 国際ブランドとメンバー企業

	Visa	MasterCard
国際ブランド会社	ビザ・ワールドワイド	マスターカード・ワールドワイド
一次カード会社（プリンシパルメンバー）	VJA、三菱UFJニコス、クレディセゾン、イオンクレジットサービス、トヨタファイナンス、ユーシーカード、セディナ、りそなカード、すみしんライフカード、スルガ銀行、エポスカード、楽天カード、アプラス、ジャックス、楽天銀行、三菱UFJ銀行、エムアイカード、ソニーファイナンスインターナショナル、ジャパンネット銀行、ゆうちょ銀行、トラベルバンク、SBIカード、シティバンク、ジェイティービー（JTB）	アコム、イオンクレジットサービス、青山キャピタル、アプラス、セディナ、クレディセゾン、日立キャピタル、ジャックス、ゆうちょ銀行、ライフ、三菱UFJニコス、NTTファイナンス、オムニカード協会メンバー、オリエントコーポレーション、ポケットカード、楽天KC、りそな銀行、SBIカード、武富士、トヨタファイナンス、ユーシーカード、UCS
二次カード会社（アソシエートメンバー）	しんきんカード、東京クレジットサービス、九州カード、さくらカード、近畿しんきんカードなど銀行系カード会社約100社および、NTTファイナンス、オリエントコーポレーション、セブン・カード・サービス、ビューカード、JALカード、東急カードなどのカード会社（一次カード会社重複分は除く）	

（資料）月刊消費者信用2011年9月号のデータを元にまとめ

業を進めるにあたり大きな制約や相違点はないが、国際ブランドの決議機関での発言権は原則としてプリンシパルメンバーのみに与えられる。

なお、ビザは長年に渡りプリンシパルメンバーを銀行、あるいは銀行系列のカード会社に限定してきた。しかし、日本には信販会社や流通系カード会社など、銀行系ではないがカード業界に影響のある大手カード会社も少なくなかった。そのため、それらのカード会社がメンバーに加入する際にその資格を「スペシャルライセンス（SL）」として区別した。

しかし、現在ではその区別がなく、すべてプリンシパルメンバーとなっている。

4）ビザ、マスターカードの株式会社化

　長年にわたり、ビザおよびマスターカードはその組織をメンバーである金融機関やクレジットカード会社がメンバーとして参加するアソシエーション（組合組織）として運営されてきた。しかし2006年以降、①有限責任化によるメンバーへの訴訟リスク波及の回避、②設備投資増大に伴う資金調達——などを目的に、新規株式公開（IPO）を行い、株式会社となった。

　ビザは株式会社化以降、前出の 図表31 のように、北米を中心とするビザワールドワイドと、EUに本部を持つビザ・ヨーロッパに2分され、それぞれの組織と指揮系統は分断された。株式会社化以前は北米本部を頂点とし各地域組織を持つ世界で一つのヒエラルキーを維持していたが、現在ではEU地域と北米を本部とする非EU地域に2分された状態である。

2-1-5 JCB

　JCBは国際ブランドとクレジットカード会社の2つの側面を持つ。ブランド運営は、ビザとマスターカードにあるメンバーシップ制や明確な組織のヒエラルキーはなく、JCB本部と日本を含む各地域の金融機関やクレジットカード会社と相対でライセンス契約を締結するか、地域によって他の国際ブランドとの相互開放やJCB現地法人によるカード事業が展開される。

　JCBは現在アメックス、ディスカバーとの間で、加盟店の相互開放が行われており、オーストラリア、ニュージーランド、カナダ、メキシコ、インドの5カ国ではアメックス、アメリカではディスカバーから加盟店開放を受けている。

2-1-6 アメックス

　アメックスはアメリカに拠点を置き、国際ブランドとクレジットカード会社の両方を兼ねる金融機関である。日本では日本法人であるアメリカン・エキスプレス株式会社が自らカード発行を行い、クレディセゾンなど一部のカード会社に対しライセンス契約に基づく国内でのカード発行を認めている。

　JCBとの加盟店相互開放により、現在はアメックス日本法人による加盟

店開拓は行っていない。

2-1-7 ダイナースクラブ

　アメリカ発祥のクレジットカードブランドである。社会的信用あるメンバーのために、高級レストランなどで現金を持たずに「ツケ払い」ができるように組織化されたメンバーシップが原形である。現在のブランド運営スタイルはJCB、アメックスと類似しており、国際ブランド業務の他にカード事業も自ら手がける。

　海外（アメリカ以外）での展開はフランチャイズ制をとったため、各国で異なる組織体で運営されている。日本では大手旅行代理店（JTB、当時は日本交通公社）と銀行（みずほ銀行・当時は富士銀行）の合弁企業としてスタートした。

　アメリカでは2004年にマスターカードと相互開放が始まった。現在アメリカで発行されるダイナースクラブカードの裏面にはマスターカードロゴがプリントされ、マスターカード加盟店でも利用できるようになった。

　これにより、ダイナースクラブは世界中どこでも使える国際ブランドカード機能をマスターカードに委ね、アメリカ国内では高級ハウスカードブランドとしての位置付けに変化してきている。

2-1-8 中国銀聯

　2002年に中国で始まったデビットカードの決済ブランドで、開始以来、その加盟店は瞬く間に世界中に広がった。中国銀聯は本部を上海に置き、中国人の渡航先となる世界各国に拠点を置き、各地域ごとに現地の金融機関、カード会社と提携し、アクワイアリングを業務委託することでアクセプタンス（加盟店）を増やしている。日本では三井住友カード、三菱UFJニコス、イオンクレジットサービス、ジェーシービー、クレディセゾン、ユーシーカードが銀聯の加盟店開拓を行っており、銀聯の加盟店展開の役を担っている。

　銀聯は逆に各国から中国に渡航する旅行者向けに、外国人向けのカード発行も手がけており、日本では三井住友カード、三菱UFJニコスが銀聯カードの発行を行っている。

2-2 国際ブランドルール

2-2-1 例外なきブランドルール

　国際ブランドを付したカードは、世界中どこの加盟店でも問題なく利用できることを約束している。"Honor all cards rule"といい表されるこの原則は、加盟店でのカード受け入れの際に例外なく適用される。"Honor all card"とは「すべてのカードに敬意を表す」と訳され、より具体的にいえば、ビザの加盟店は「すべてのビザカードを例外なく受け入れなければならない」という意味である。

2-2-2 カードフェイス

　国際ブランドのカードの表面にはエンボス刻印されたカード番号などの基本情報とブランドロゴが表示されており、それらの位置は 図表33 のように規定されている。イシュアーは独自の情報を追加して券面にエンボスすることもできるが、その位置や桁数は明確に規定されており、エンボス行を勝手に増やしたり、位置を変えたりするようなことはできない。

　もっとも、エンボスについてはその替わりに券面上にカード番号などの基本情報を特殊な方式で印字（刻印）することが認められている。俗にエンボスレスカードと呼ばれるものがそれである。従来、エンボスレスカードは一部のデビットカードを除き認められていなかったが、近年さまざまな事情から通常のデビットカードやクレジットカードにも認められるようになった。

　また、券面の背景色やデザインは原則自由だが制限がある。一例をあげればゴールドカード、プラチナカードと同色の一般カードは認められない。券面へのイシュアーの表記、独自ロゴの使用についてはブランドごとに規定があって制限されている。

　裏面にはサインパネルと露出した磁気ストライプがみえる。両者は規定により位置や幅などが決められている。ビザの場合、サインパネルは上

[図表33] **カードフェイスのイメージ（例示）**

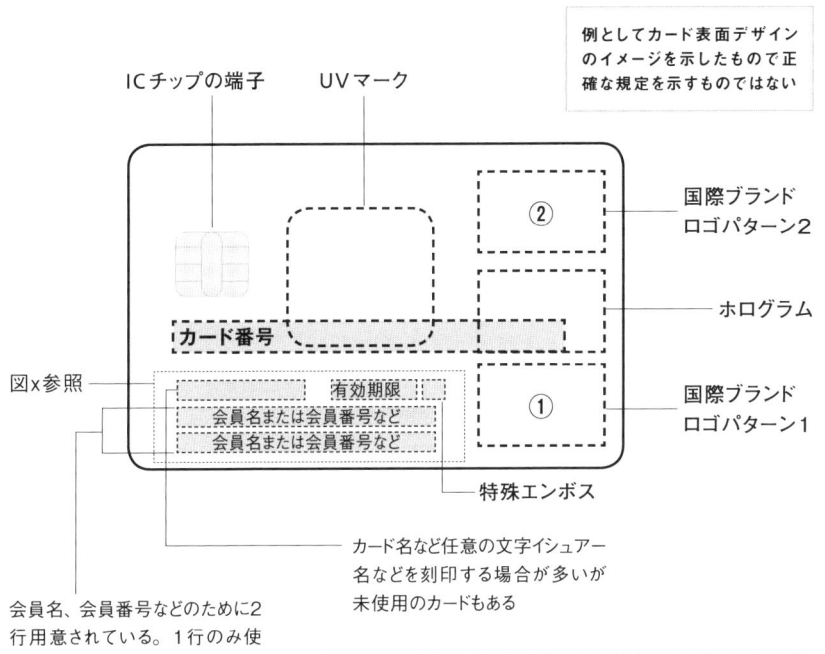

- ICチップの端子
- UVマーク
- 例としてカード表面デザインのイメージを示したもので正確な規定を示すものではない
- 国際ブランドロゴパターン2
- ホログラム
- カード番号
- 図x参照
- 有効期限
- 会員名または会員番号など
- 会員名または会員番号など
- ①
- 国際ブランドロゴパターン1
- 特殊エンボス
- カード名など任意の文字イシュアー名などを刻印する場合が多いが未使用のカードもある

会員名、会員番号などのために2行用意されている。1行のみ使用するカードが多いが、提携カードで独自の会員番号を刻印するケースも多い。独自の会員番号と会員名は上下どちらでもよい。また、会員の加入年度を刻印するケースもある。

ビザ、マスターカード等の国際ブランドロゴは①または②のいずれかの位置に1つのみ配置する

日本には①に国際ブランドロゴを配置した上で、②にイシュアー独自のロゴを配置するカードが多い。UC、DC、UFJ、View等のロゴマークがそれに当たる

下方向の位置と幅が固定されているが、左右の長さは自由に決められる。そのため、デザインの関係からか時に左右の長さがかなり短いと思えるようなサインパネルを持つカードも存在する。

2-2-3 偽造防止用券面細工

　券面のデザインには世界中で決済をスムーズに行うための決まりごとのほか、偽造カードを作りにくくするための細かな工夫がいくつも施されている。

1）ホログラム

　ホログラムはレーザーで記録された立体画像で、光の当て方によって見え方が異なる複雑な印刷技術である。一般にホログラムの作成には高度な技術や設備を要するため、犯罪者が偽造カードにホログラムを装備するのは難しいことから、偽造を抑止する効果が期待できる。もちろん、通常の印刷技術でホログラムにみせかける簡易な偽造も可能だが、よくみればすぐに見破れるレベルのものしかできない。

　従来はビザ、マスターカード共にカードおもて面のブランドロゴの上または下に所定のホログラムを配置していた。しかし、両ブランド共2005〜06年にかけてデザイン規定を変更、ビザではロゴデザインが変更されたほか、裏面の磁気ストライプ露出面にホログラム加工を施す方式などが新たに認められた。それ以降、ホログラムはおもて・うらどちらかにあればよいことになり、おもて面にホログラムがないカードも現われだした。

　なお、ホログラムは国際ブランドがとくに認定した指定印刷会社が一括して製造しており、その製造枚数や納品先などは厳格に管理されている。もっとも、最近の偽造カードはホログラムも一見しただけでは真贋が判別しにくい精巧なものが多いので、ホログラムによる偽造の抑止効果は以前に比べいくぶん低下しているといえよう。

2）紫外線マーク

　紫外線マーク（以下、UVマーク）は、紫外線を当てると浮き上がる特殊なマーキングである。可視光線のもとでは通常見えないが、紫外線を放射するブラックライトを当てるとブランドにより規定されたマークが浮き上がるように印刷されている。ビザの場合であれば、ホログラムと同じ鳩のマークが浮かび上がる 図表34 。なお、先述の新デザイン規定にのっとったカードにはUVマークがない。

　これは精度が低い偽造カードでは省略されるケースも多く、ブラックライトを当てればすぐ真贋がわかる。しかし、現実には加盟店の店員がいちいちカードにブラックライトを当てて確認するようなことはなく、偽造を即座に見破る方法としての効果は、大量にカードを保持している不審者を

調べるといった用途に限定されるだろう。

3）特殊文字

　ビザ、マスターカード、JCBなどのカードには、図表35のとおり特殊なマークがエンボスされている。このマークは、一般のフォントスタイルにはない国際ブランドが特別に用意したエンボス用の文字を使って刻印されて

[図表34] **ビザの紫外線マーク**

[図表35] **特殊文字の例**

ビザ 　　　　　マスターカード 　　　　JCB

特殊活字が省略された
新しいビザカード

いる。この文字は国際ブランドが厳格に流通個数を管理しており、正規のカード発行設備のみに提供され、その使用が認められている。なお、新しいデザイン規定にのっとったカードではこの特殊文字も省略されている。

　この特殊文字もいうまでもなく偽造防止対策である。偽造カードには特殊文字を省略したものや、ビザの場合は特殊文字（Flying V）を通常の書体のアルファベットの「V」で代用した偽造カードも多い。これはよくみれば誰にでも違いが分かるので、忙しい加盟店の店員でも簡単に見分けがつくだろう。

4）接触型ICチップ

　これは技術面から不正を防止するものだが、デザインにも若干関係するので触れてみたい。

　EMV対応のICカードにはICチップの端子と呼ばれる金色の金属部分が表面に露出している。この位置はISO/IEC7816規格で決められており、もちろん変更はできない。しかし、端子の形状には規定がないので、その形状はカードによって異なっている。ICチップメーカーは独自性を出すために特徴あるデザインにすることもある。券面デザインを考慮し銀色の端子もある。

Column　EMV化で形骸化しつつある偽造防止の役割

　さまざまな券面の仕掛けは、おもに偽造防止・偽造カード検知を目的としたものである。しかし、技術の進歩に伴いこれらは偽造防止対策としては次第に形骸化しつつあるようだ。

　ICカード（EMV）化によって、SDA（静的データ認証）やDDA（動的データ認証）などの認証機能[SDA、DDA→P.146]によってカードの真正性を自動的にチェックできるようになった今日、カード券面に虫眼鏡やブラックライトを当ててその真贋をチェックするのはいささか時代遅れに思うのは筆者だけであろうか。もちろん、IC化が遅れた地域での偽造カードチェックは従来の方法で継続せざるを得ないので、結局IC化が世界で完了するその日まで、券面上の複雑な仕掛けは必要なのだろう。

　とはいえ、最近はおもて面にホログラムがないデザインや、思い切って縦型にしたデザインのカードも出てきている。これは先に述べたとおりIC化の進捗で券面のもつ不正防止という機能的意味が薄れてきていることに加え、デザインニーズの多様化にブランドが応えるようになってきた証拠であろう。

　カードが普及し、市場が成熟するにつれ、筆者は冒頭で述べたアクセプタンスに対する配慮も以前ほどではなくなっているのではないかと思うことがある。加盟店もさまざまなデザインのカードに慣れてきていることや、接客に忙しい加盟店では、カードを受け取ると条件反射のように決済端末に読み取らせ、カードを凝視して確認するようなことは実際にはあまり行われていないのが実態だ。今後、カード券面は不正防止としての役割よりも、デザイン性や提携先企業の宣伝媒体としての役割がいっそう強くなっていくのではないだろうか。

5）セキュリティコード

アメリカでは決済において、カード番号に加えて郵便番号や「カード・セキュリティ・コード（Card Security Code）」などを聞かれることが多い。これはカード裏面のサインパネルに刻印された3桁の数字を指す。「CVV2（Card Verification Value2）」あるいは「CVC2(Card Validation Code 2)」と呼ばれているものだ。

この数字はイシュアーがカード番号ごとに独自に付番するもので、磁気情報に記録されるCVV1、CVC1とは異なる。また、カード・セキュリティ・コードはイシュアー独自の鍵情報に基づいて生成されている。だから、磁気情報をスキミングしてカード番号を入手しただけではCVV 2、CVC 2はわからない。つまり、真正のカードを持っていなければわからないコードを入力させることで、ネット決済におけるなりすましを防止しているわけだ。もっとも、犯罪者が偽造カードの利用を対面取引だけに限ろうとすれば、カード・セキュリティ・コードはなくても構わないことになる。

2-2-4 不正防止のためのルール

国際ブランドのなかでもビザ、マスターカード、中国銀聯などは自らイシュイング、アクワイアリングなどのカード業務を行わない。そのため国際ブランドからライセンスを得てカード業務を行う金融機関やカード会社などのカードビジネスに効力のあるルールやガイドラインを設定するなどして不正防止に寄与している。

1）対面決済における不正対策・ICカード化

対面決済における不正利用の多くは、偽造変造、盗難・紛失カードの悪用である。偽造変造カードは磁気カードをスキミング（不正読取り）するなどして得た有効なカード番号を再利用するケースが典型である。

まず、カードのスキミングを防止し、さらに盗難・紛失カードの第三者による不正利用を防ぐ必要があるが、ICカード（EMV）化は不正防止に大きく寄与するとされ、国際ブランドの不正対策の大きな柱となっている。ICカードは、①スキミング防止、②PIN(暗証番号)の設定により第三者

が不正に利用することを防ぐ効果が期待されている。

　IC化が最も進む英国では、本格的にIC化を開始した01年から05年までの4年間で盗難・紛失カードによる不正被害が40％減少し、効果が証明された形だ。

　また、国際ブランドは新規設置する加盟店端末に対しEMV対応を原則として義務づけている。

2）ICカード導入を目的とする「ライアビリティシフト」

　ライアビリティシフトを概略的に一言で表現するならば、「不正・瑕疵取引が発生した場合に、IC化を進めるメンバー（イシュアーまたはアクワイアラー）が、IC化を怠るメンバー（イシュアーまたはアクワイアラー）に対して無条件で責任転嫁できる制度」といえよう。

a）制定の経緯

　ICカード（EMV）の導入は世界各地のイシュアー、アクワイアラーが足並みを揃えて進めることが望ましい。イシュアーがコストをかけて発行したICカードも、利用場面（加盟店）の決済端末が対応していないと結局磁気取引となってしまい、本来のセキュリティ機能が発揮できない。ICカード導入においてイシュアーとアクワイアラーは両輪であって、それらが同期することが強く望まれる。

　とはいえ、現実には各地のイシュアー、アクワイアラーによって投資能力や動機も異なるために、IC化に積極的なメンバーとそうでないメンバーが混在して導入が思うように進まないことも多い。日本も2001年頃から本格的にIC化が進んだが、IC化に積極的な銀行系カード会社に対し、流通系カード会社があまり積極的でないなど、対応にはバラつきが目立つ。

　また、世界中で同時にICカード化が進むわけではないことも大きな悩みである。ICカード化はヨーロッパ（EU）で導入が進み、ほぼ終了した段階にあるが、逆に北米では遅れており、地域格差の解消が課題となっている。

b）ライアビリティシフトの仕組み

　ライアビリティシフトはチャージバック処理で実行される。

　ICカード（EMV）が磁気決済端末で利用された場合（磁気取引）に、取引について、瑕疵がある、あるいは不正と認められた場合が該当するが、その場合イシュアーはアクワイアラーに対して、「チップライアビリティシフト」を理由とするチャージバック処理を実施する。

　一般のチャージバックでは、アクワイアラーはチャージバックに応じない理由となる情報を開示することによってチャージバックを拒否することもできるが、「チップライアビリティシフト」を理由とするチャージバックではそれができない。つまりIC化を怠ったアクワイアラーは無条件でチャージバックに応じなければならない。

　この仕組みは、イシュアー＝ICカード、アクワイアラー＝磁気端末、というケースでは機能するが、本来チャージバック権がイシュアーにあるためにその逆のケースでは機能しない。すなわち、イシュアーがICカード化を怠っていたとしても、チャージバックというペナルティを科せられることがなく、ICカード発行が進まない一因となっている。

3）非対面決済における不正対策・認証サービス（3Dセキュア）

　認証サービスは、これまでインターネットでのカード決済時にサイトごとの認証（ID、パスワードなど。場合によっては認証なし）に依存していたものを、決済ごとにイシュアーのサーバー（ドメイン）でパスワード認証を行う仕組みである。このサービスは3Dセキュアと呼ばれ、国際ブランドが用意した比較的簡便なシステムにより実現されている。

　3Dセキュアは、インターネット技術を利用した簡易的な認証サービスである。従来はショッピングサイト（加盟店サイト）でカード決済を行うと、本人確認データなしのままオーソリゼーションが実施され、イシュアーはその取引の真正性を客観的に評価することが難しかった。例えば、あらかじめユーザーID、パスワードを入力してログインした状況で、場合によっては登録済みのカード番号を使って数回クリックする程度で簡単に決済が完了するサイトも少なくない。このような取引は利用者にとって簡便性が高い反面、イシュアーはその取引が本人によるものか、第三者による

ものか判定することはできない。

　3Dセキュアでは、あらかじめイシュアーが登録あるいは設定したパスワードを使って取引ごとに認証することが可能である。

　3Dセキュアを使った認証の手順は概ね 図表36 の通りである。

　国際ブランドによれば3Dセキュアの導入は比較的容易とあるが、導入にあたり、加盟店サイトには専用のソフト（プラグイン）が必要であるほか、イシュアーも認証パスワードのために手当が必要で、いうほどに簡単ではないという意見も少なくない。国際ブランドがいう「比較的容易」とは、以前導入障壁があまりにも高く普及しなかったSETに比べてという意味であり、加盟店やイシュアーが極めて簡単な設定のみで3Dセキュアに対応できるという意味ではない

[図表36] 3Dセキュアの仕組み

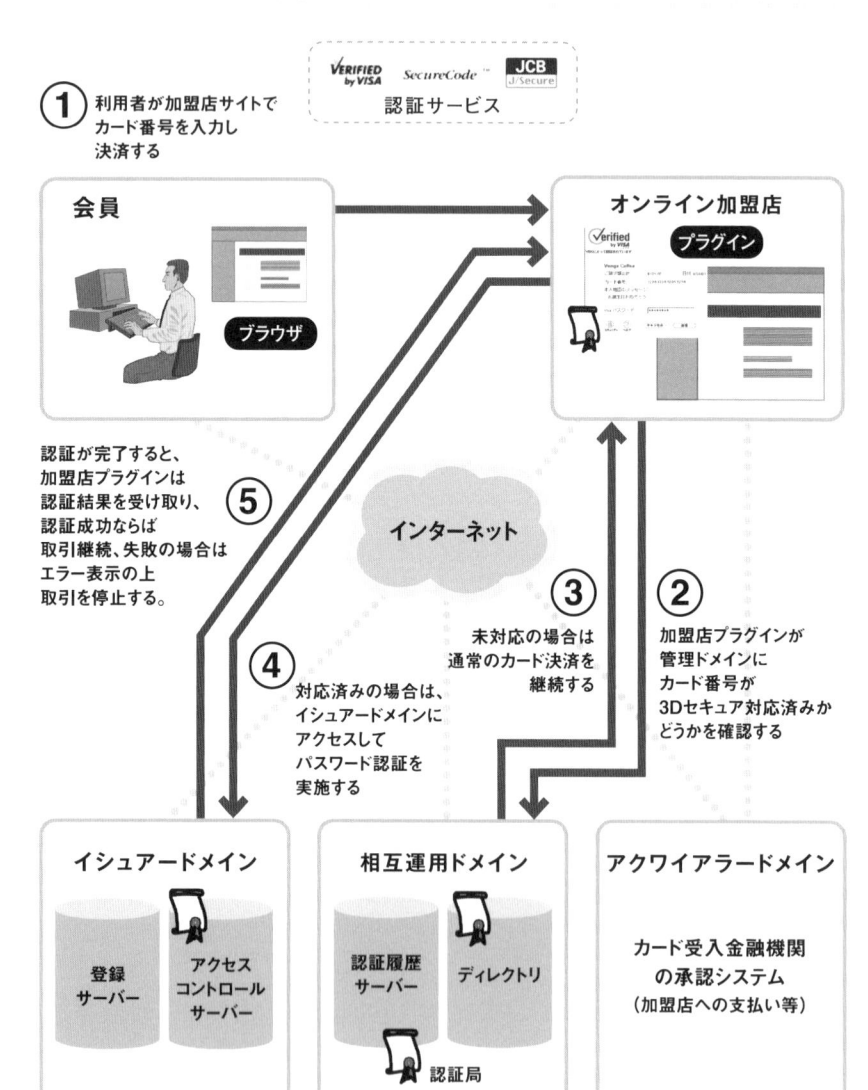

① 利用者が加盟店サイトでカード番号を入力し決済する

VERIFIED by VISA　SecureCode　JCB J/Secure
認証サービス

会員（ブラウザ）

オンライン加盟店（プラグイン）

⑤ 認証が完了すると、加盟店プラグインは認証結果を受け取り、認証成功ならば取引継続、失敗の場合はエラー表示の上取引を停止する。

インターネット

③ 未対応の場合は通常のカード決済を継続する

② 加盟店プラグインが管理ドメインにカード番号が3Dセキュア対応済みかどうかを確認する

④ 対応済みの場合は、イシュアードメインにアクセスしてパスワード認証を実施する

イシュアードメイン
- 登録サーバー
- アクセスコントロールサーバー

相互運用ドメイン
- 認証履歴サーバー
- ディレクトリ
- 認証局

アクワイアラードメイン
- カード受入金融機関の承認システム（加盟店への支払い等）

2-3　国際ブランドプロダクツ

　国際ブランドプロダクツとは、国際ブランドがメンバーに共通して提供する基本機能やサービスなどを象徴的にいうもので、例をあげれば国際ブランドロゴを付したペイメントカード、プレミアムカード（ゴールドカード、プラチナカード）、認証サービスなどである。
　国際ブランドはメンバーに対し、それらフレームワーク（ひな形）を提供する。例えばペイメントカードはメンバーが独自のカードデザインやサービスなどをそれに付加し、クレジットカードとして消費者（エンドユーザー）に提供している。また、ゴールドカードサービスは、国際ブランドが提供する基本的なサービスに加え、イシュアーが独自サービスを付加して提供する場合が多い。日本国内の空港ラウンジの利用などはその一例である。

2-3-1　ブランドロゴ付きペイメントカード

　国際ブランドのロゴを付したペイメントカードは、国際ブランドの最も特徴的なプロダクトである。日本ではビザ、マスターカードなどの国際ブランドカードは、歴史的にそのほとんどがクレジットカードであるため、国際ブランドカード＝クレジットカードと誤解される傾向にある。しかし、国際ブランドロゴ付きペイメントカードは、本来はクレジットに限らずデビット、プリペイドなど決済方式を問わない 図表37 。
　国際ブランドロゴを付したペイメントカードにはマンスリークリア方式に適した一般型と、即時決済を行うデビットカードに適した即時決済型の二種類がある。なお、ここでいう一般型、即時決済型の別は本書で便宜上定義したもので、国際ブランドが定めた用語ではない。

1）一般型ペイメントカード

　このカードは日本ではほとんどすべての国際ブランドクレジットカード、あるいは一部導入が進むデビットカードのためのプロダクトであり、最も普及するペイメントカードである。国際ブランドは、 図表37 にあるとおり、カー

[図表37] 国際ブランドマークを付したペイメントカードの種類

	(1) 一般型	(2) 即時決済型
決済方式	売上げ処理後決済（ディレイド）	原則即時決済
主な用途	クレジットカード（マンスリークリア方式、リボルビング方式）、デビット（チェックカード）、プリペイドカード	デビットカード、プリペイドカード
カード上のブランドの例	Visa、MasterCard	Visa Electron Maestro
加盟店アクセプタンスステッカー	Visa、MasterCard	Visa Electron、Maestro
オーソリゼーション利用可能店舗	オンラインオーソリ可能 オフライン	全件オンライン
本人確認	署名 オフラインPIN（IC）	オンラインPIN
電文	デュアルメッセージ	シングルメッセージ
クリアリング（売上げ処理）	オーソリゼーションの後、あらためて実施	オーソリゼーションと同時または直後に実施

ド券面上のブランドロゴ、加盟店アクセプタンスマーク、本人確認方式、電文、クリアリングなど基本的な仕組み（スキーム）を定義しているが、クレジット、デビットなどの決済方式の選択はすべてイシュアーに委ねられる。

この分類にあたるカードは、表面にエンボス、ブランドロゴ、裏面にサインパネル、セキュリティコードなどを持つ。

この方式のペイメントカードは、売上データがオーソリデータよりも遅れてイシュアーに届くため、カードホルダー（会員）に請求する金額をオーソリ時には確定できない。そのため、期日までに売上データが届いた取引についてまとめて請求する翌月一括払い（マンスリークリア方式）に適している。

デビットカードではオーソリデータと売上データの突き合わせが必要になるため、実質的に売上データがそろった後にならないと口座からの引落金額が確定できないという課題が残る。しかし、欧米などを中心にクレジットカードを凌ぐ勢いで普及が進んでいるが、欧米のデビットカードの多くはこの方式である。

従来、欧米では物品購入などの際の支払いにはチェック（小切手）が広く普及している。チェックは利用者の口座からの引落しは銀行が請求処理を行った後で、加盟店の売掛金の現金化も数日程度要することが多い。

チェックは即時性という点で現金よりも劣るのだが、欧米では習慣的に用いられてきた。欧米で普及が進むデビットカードはチェックをプラスチックカードで模したものと考えるとわかりやすい。そのため、アメリカ、イギリスなどでこの方式のデビットカードを「チェックカード」と呼ぶことがある。

この方式はイシュアーがサーバーで管理するバリューを使った、サーバー型のプリペイドカードにも利用可能である。しかし、その場合デビットカードと同様オーソリデータと売上データの突き合わせ作業が必要となる。国際ブランドを付したプリペイドカードはデビットカードに続き世界的に普及する傾向にあるが、本方式よりも次の「即時決済型」が適している。

2）即時決済型ペイメントカード

この方式のペイメントカードは、オーソリと同時かその直後に売上処理

を行うため、カードホルダーに対する請求金額を瞬時、かつ正確に把握できるメリットがある。一般型では売上処理までに時間を要するため、引落時に口座が残高不足になっているリスクもあるが、本方式ではそれが避けられる。そのため銀行のデビットカードや事前にチャージしたバリューを使うプリペイドカードに適する。

この方式は、オンラインオーソリができない加盟店での利用を未然に防ぐため、一般のビザ、マスターカードなどのブランドから派生した独自ブランドマーク「ビザ・エレクトロン（Visa Electron）」、「マエストロ（Maestro）」を付して、その独自マークがある加盟店での利用に限定している（後述するエンボスレス遅延型カードを除く）。またエンボスレスにすることで、オフラインの決済端末で誤って利用することを防ぐなどの工夫も加えられている。

しかし、この方式は全件オンラインオーソリを必須とし、さらにシングルメッセージ［シングルメッセージ→P. 122ページ］の対応が強く望まれる（現在シングルメッセージの利用はATMのみ）。例えば、従来からオンラインデビットカードが普及するフランスや、銀聯カードが普及する中国のように全件オンラインに対応する決済インフラ整備が進む地域では受け入れやすいが、日本のように従来の「一般型」を基本とする環境が整備された地域での普及は難しいという課題が残る。

2-3-2 その他サービス

国際ブランドはペイメントカード以外にも複数のサービスを提供しており、それらを便宜上「その他サービス」として分類する。

その多くはブランドロゴ付ペイメントカードの取引を支援するものやサービス付加価値、セキュリティに関する機能やサービスなどである。国際ブランドによるその他サービスは多岐にわたり、また地域によって異なる場合があるので、ここでは世界的に共通するサービスのうちの代表的なものの紹介に留めたい。

1）緊急カード発行サービス

　万一カードを紛失した場合、国際ブランドカードのカード会員は世界中どこにいても再発行を受けることができる。この再発行サービスは国際ブランドが管理・運営しており、実際のカード発行はカード会員が紛失、あるいは再発行カードの交付を受けたい地域のイシュアーが担当している。例えば、ビザでは各地域ごとに緊急再発行を担当するイシュアー（緊急再発行イシュアー）が設定されている。緊急再発行の流れは概ね次の通りである。①カード紛失、②イシュアーが国際ブランドに緊急発行を申請、③各地域の緊急再発行イシュアーに再発行要請、④紛失者の滞在先へ配達（郵送等）。

　カード会員が最初に連絡する先は、一般的にはイシュアーの緊急連絡先が多い。しかし、国際ブランドの緊急発行窓口がわかれば直接連絡してもよい。通常のカードで概ね3日以内、ゴールドカードで24時間以内に再発行される。

　なお、緊急再発行イシュアーはカード会員が持つ実際のカードと同じデザインの生カード（発行前カード）を持つわけではないので、緊急発行の際には独自カードを用いて発行する。カード番号も独自のものを用い、有効期間を短く設定する。あくまで本来のイシュアーから発行される正式なカードが手元に届くまでの暫定的なカードである。

　緊急再発行サービスは、世界各地にネットワークを張り巡らす国際ブランドならではのサービスといえよう。

　なお、日本国内のイシュアーが発行したカードを国内で紛失した場合は、国際ブランドによる緊急再発行サービスを受けずに直接イシュアーが緊急発行の対応を行っている。

2）プレミアムカードサービス

　ビザ、マスターカードは、世界共通的のゴールドカードまたはそれより上位のプレミアムカードサービスを提供している。プレミアムカードのカード会員は、国際ブランドが運営する専用のサービスデスクの利用が可能で、先にも述べた緊急再発行時に優先的に対応を受けたり、海外の空港ラウンジなどが利用できたりする。

なお、ゴールド、プラチナなどのプレミアムカードのイシュアーは、多くの場合国際ブランドによるサービスに加えて独自にカードサービスを提供している。そのためカード会員にとってみれば各サービスが国際ブランドによるものなのか、イシュアーによるものなのか、それらを識別する必要はなく、またそれを意識することも少ないだろう。

3）認証サービス

3Dセキュア方式を用いたインターネット決済の認証サービスは、国際ブランドが提供する代表的なサービスの一つである。各国際ブランドが提供する認証サービスの名称は 図表38 のとおり。

3Dセキュアは、ネットショップでのカード決済時に、カード番号を入力するとそのサイトでのパスワード認証ではなくイシュアーに直接照会してパスワード認証を行う認証方式である［3Dセキュア→P.33］。

ただし、国際ブランドが運営する管理ドメイン（ディレクトリサーバー）では、カード会社、加盟店の情報を管理し、カード会社間での3Dセキュア認証メッセージのやりとりを仲介、制御している。そのため3Dセキュア方式では、イシュアーに直接照会するとはいえ、国際ブランドの介在が必要である。

3Dセキュアは国際ブランドの発案で、比較的簡易に加盟店ウェブサイト、アクワイアラー、イシュアーが対応可能なように配慮された仕組みである。しかし、カード会員が今までは意識しなかった「パスワード」の入力を求められ従来のネット決済とは異なること、カード番号が加盟店ウェブサイトに残ること、加盟店側の対応が思うほど簡単ではないこと、などいくつか課題が指摘され、その導入は当初想定したほど進まない状況である。

［図表38］国際ブランドの認証サービス（3Dセキュア）

国際ブランド	サービス呼称
ビザ	VISA認証サービス
マスターカード	SecureCode
ジェーシービー	J/Secure

2-4　国際間の決済ネットワーク

2-4-1　国際ブランドを介したカード取引の仕組み

1) インターチェンジシステム

インターチェンジとは、国際ブランドの決済ネットワークを経由する、イシュアーとアクワイアラーの間におけるカード取引のデータ交換をいう。これを「売上交換」と呼ぶこともある。

国際ブランドはその運営に当たって、国際ブランド自身とイシュアー、アクワイアラーを分離するスキームを構築した。このスキームには、特定企業にインフラ整備の責任や利益が集中することなく、メンバー企業が協力して分散投資し、利用環境整備を共同で行うため、投資リスクが分散されるメリットがあるからである。さらに、国際ブランドを非営利組織にすることにより、世界共通の決済インフラを特定企業に支配されることを防ぐ効果もあった。ただし、ビザ、マスターカードの両国際ブランドは現在、ビザ・ヨーロッパを除き従来のメンバー企業が株主となる営利企業となった。

2) 国際ブランドのアクワイアリング制度

ビザとマスターカードでは、国際ブランドがブランド管理業務を、メンバーの金融機関がイシュイングとアクワイアリングの各業務を担当するという役割分担をしている。一方、JCBやアメリカン・エキスプレス(アメックス)は、国際ブランドがブランド管理業務、イシュイング、アクワイアリングを一手に引き受けている。

アクワイアリングの基本は、複数のイシュアーが発行した同一ブランドのカードをすべて受け入れる加盟店契約を行うことで、これによりカードの利用範囲が複数のアクワイアラーがもつ加盟店に広がる。この際、カード利用者がどの加盟店で利用できるか分かるように定めた印がアクセプタンスマークである。

アクセプタンスとは「特定のブランドを付したカードの平等な受け入れ」を表し、加盟店は、ビザブランドカードであればビザのロゴマークを付し

たカードのすべてを、その利用者がカード発行者と契約した決済方式——クレジット、デビット、プリペイドなど——にかかわらずまったく平等に取り扱わなければならない。いいかえれば、クレジットカードは受け入れるが、デビットカードは受け入れないということは許されない（ただし、オンラインオーソリ専用デビットカードのように、その仕組みの制約から一部の加盟店でしか利用できない決済カードはある）。

　国際ブランドが整備したアクセプタンス環境では、加盟店は支払方法やカードの種類などを意識することなく、規定された手順でカード決済を行えばよいことになっている。会員の立場でみると、アクセプタンスマークのある店舗ではカードを提示し、署名もしくはPIN入力するだけで決済が成立し、支払いに関する特別な契約をその都度交わす必要がない。

2-4-2　国際ブランドを介したカード処理のフロー

　国際ブランドは、イシュアーとアクワイアラーとメンバー契約を結ぶことにより、アクワイアラーとイシュアー間の取引（オーソリゼーションや売上処理等）と資金の清算を仲介する 図表39 。国際ブランド介したカード処理は、取引発生（ショッピング）から始まり、アクワイアラーから加盟店への代金支払いまでの一連の流れで完結する（ATMからの現金引出しの場合も同様である）。

　カード処理は、①オーソリゼーション、②クリアリング、③セツルメントの処理に大きく分かれる 図表40 。
　処理の流れは 図表41 にあるとおりで、番号の手順で処理される。アクワイアラー・加盟店間の清算（⑥）を、国際ブランドによる清算処理（アクワイアラー・イシュアー間の清算（⑤））を待たずに実施することもある。

[図表39] 国際ブランドとイシュアー、アクワイアラーの関係

```
         ┌─ 国際ブランドがアクワイアラー・イシュアー間の取引と精算を仲介
         ┆
         ┆       国際ブランド
         ┆      (ビザ、マスターカード)
         ┆          ↑  ↑
         ┆       メンバー契約
         ┆      ╱        ╲
    アクワイアラー ←── メンバー契約に従い協力 ──→ イシュアー
              《アクワイアリング業務》 (同一企業の場合もあり) 《イシュイング業務》
         ↑                                              ↑
      加盟店契約                                        会員契約
         ↓                                              ↓
       加盟店 ←────── 売買契約 ──────→ 利用者
              │
              └─ イシュアー、アクワイアラー、加盟店、利用者の4者間における取引を基本とする取引
```

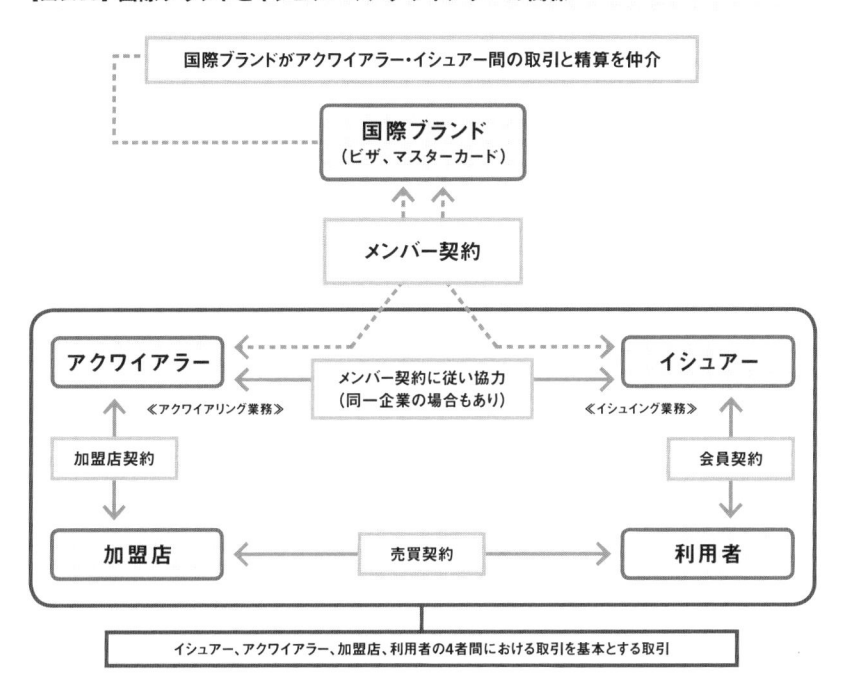

[図表40] カード処理の3つのプロセス

処理プロセス	処理内容
オーソリゼーション	・加盟店でのカードの利用をイシュアーが承認（あるいは否認）する処理 ・加盟店は当該取引について（不正や瑕疵がなければ）アクワイアラーから支払いを受けられることが約束される ・イシュアーはオーソリゼーションにより不正なカード利用を未然に防ぐことができる
クリアリング	・加盟店でのカード利用内容（利用金額、日時、商品分類など）をイシュアーに報告し、代金を請求する処理 ・加盟店・アクワイアラー間の売上精算（③）とアクワイアラー・イシュアー間の売上精算（④）に分かれ、国際ブランドは後者（④）を仲介する
セツルメント	・利用代金の支払い（イシュアー→アクワイアラー、およびアクワイアラー→加盟店）処理 ・アクワイアラー・イシュアー間の清算（⑤）と、アクワイアラー・加盟店間の清算（⑥）に分かれ、国際ブランドは前者（⑤）を仲介する

[図表41] カード取引のフロー（再掲）

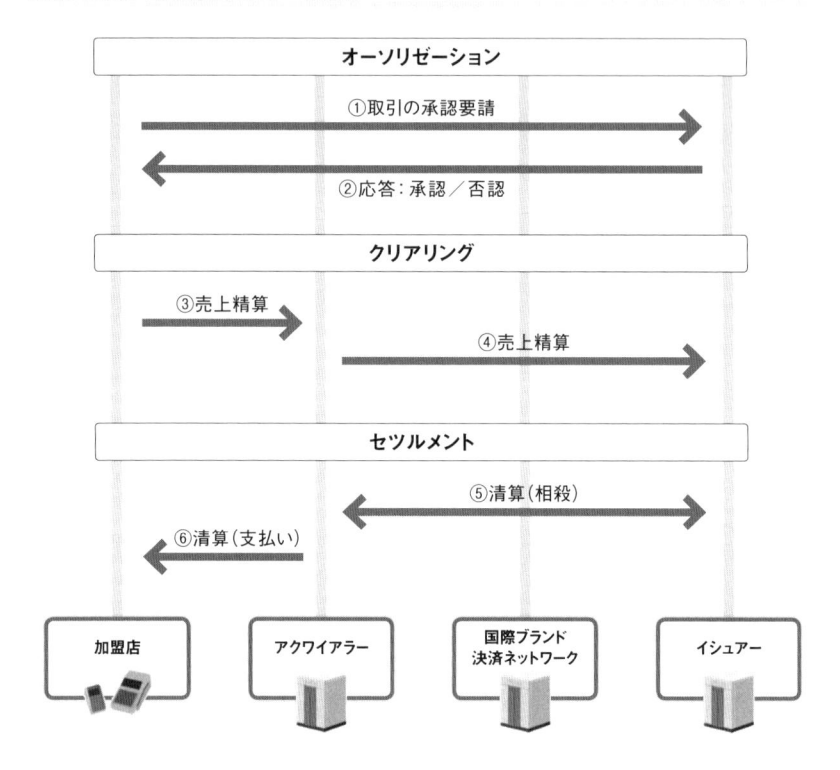

オーソリゼーション
- ①取引の承認要請
- ②応答：承認／否認

クリアリング
- ③売上精算
- ④売上精算

セツルメント
- ⑤清算（相殺）
- ⑥清算（支払い）

加盟店　アクワイアラー　国際ブランド決済ネットワーク　イシュアー

1）オーソリゼーション

　オーソリゼーション（Authorization、オーソリ）とは、加盟店での顧客（カード保有者）のカード取引について、その販売承認を取引ごとにイシュアーが承認、判定する処理をいう。

　一般にアクワイアラーはカード取引における閾値ともいえるフロアリミット［フロアリミット→P. 126］を定めている。加盟店はフロアリミットを超える金額のカード取引を行う際はイシュアーにそのつど販売承認を求めなければならない。オーソリによる承認を得ずに取引を行った場合は、チャージバックの対象となり、加盟店はその取引に関する支払いを請求できない。

　イシュアーは、カード会員の返済状況やカード利用状況などクレジットカードの状態に関わる情報を管理しており、オーソリではこれをもとにカード有効期限のチェック、セキュリティコードチェック、盗難・偽造カードチェック、与信限度枠チェック、またデビットカードでは預金残高のチェック——などを行う。イシュアーが承認した取引には承認番号が発行され、これを受けてカード取引が成立する。

　かつては取引ごとに電話でイシュアーに連絡をとり、販売承認の可否を仰いでいたが、現在ではＣＡＴ、ＣＣＴなどの決済端末や加盟店の決済サーバーからオーソリ電文をイシュアーに伝送するオンラインオーソリゼーションが主流になっている。

2）クリアリング（Clearing、売上精算）

　クリアリング（Clearing、売上精算）とは、加盟店におけるカード利用代金の支払い（清算）を受けるための処理で、利用代金（カード売上）を精査、集計し、その明細を報告することから売上精算とも呼ばれる。加盟店におけるカード利用は、図表41のオーソリゼーションで承認を受けた段階では利用を認められただけである。加盟店がアクワイアラーから支払いを受けるためには、クリアリングによってカード利用の金額など取引結果を詳細に報告しなければならない。

　具体的には加盟店がアクワイアラーに売上データ電文を伝送、あるいはカード売上票を郵送するなどにより取引金額を確定（図表41の③）し、それを受けたアクワイアラーが国際ブランドの決済ネットワーク上で売上

処理を行う（ 図表41 の④）までの処理を指す。

　 図表41 の通り、オーソリゼーションと売上処理の電文を別々にイシュアーに送るのが一般的な処理フローであり、この方式をデュアルメッセージと呼ぶ。これに対し、CD・ATMや一部のデビットカードなどではオーソリ電文と売上電文を同時に伝送するシングルメッセージ方式が採用されている。

3）セツルメント（Settlement、清算処理）

　セツルメント（Settlement、清算処理）とは、アクワイアラー、あるいは加盟店に対するカード利用代金の清算処理（支払い）をいう。

　売上精算処理を受理したアクワイアラーは、国際ブランドの決済ネットワークを通じて売上げ処理を行う。国際ブランドはほぼ毎日アクワイアラーとイシュアー間の清算処理を行っており、メンバー間で支払・受取のポジションを建て、定期的に相殺することで清算を行っている。

　国際ブランドの清算処理により、アクワイアラーは売上げ処理の直後（翌日など）に立替払い代金をイシュアーから得るが、加盟店への支払いが日次でない場合は支払い期日まで一定の猶予が生じる。一方イシュアーはほぼ毎日アクワイアラーへの支払いが発生するため、会員から利用代金が払われる期日までの一定期間、資金を立て替える必要がある。

　売上処理を受理したアクワイアラーは、加盟店契約に基づき一定のサイクル（日次・週次・月次など）で立替え払い金を加盟店に対し支払う。アクワイアラーから加盟店への支払について国際ブランドは特別にルールを定めていないため、支払条件などの詳細はあくまで加盟店とアクワイアラーの個別の加盟店契約に依存する。

2-5　国際ブランドを支える決済ネットワーク

2-5-1　国際ブランドの取引の実際

　国際ブランドのカード取引のベースになるのは、世界中の加盟店、アクワイアラー、イシュアーを結びつける決済ネットワークである。国際ブランドが運営する決済ネットワークは、全世界で発生する国際ブランドの取引のオーソリや清算を瞬時に処理する。

　とはいえ、アクワイアラーと加盟店の間、あるいは国内で処理が完結する取引については、むしろ各地域や国で構築された独自のローカルな決済ネットワークで運用されているケースの方が多い。この項では便宜上前者を「国際決済ネットワーク」、後者を「国内決済ネットワーク」として区別する。

1）ビザ

　ビザのメンバーはビザの決済ネットワーク「VisaNet」に接続しており、そこを経由して相互にオーソリ・売上処理などの電文の送受信を行っている 図表42 。

　ショッピングの場合、オーソリ電文がBASE Ⅰと呼ばれるサブチャネル経由で送信され、それと対になる売上電文が事後にBASE Ⅱ経由で送信される [デュアルメッセージ→P.122]。ATMでの預金引出しやキャッシングなどの金融取引の場合、オーソリ電文と売上電文を兼ねる電文 [シングルメッセージ→P.122] がSMS（Single Message System）経由で送受信される。

2）マスターカード

　マスターカードのメンバーは決済処理ネットワーク「Banknet」に接続しており、ビザと同様の仕組みで相互にオーソリ・売上取引などの電文送受信を行っている 図表43 。

　ショッピングではオーソリ電文が送信された後、その取引の売上電文がIPM（Intergrated Product Message）プラットフォームで送信される。

[図表42] ビザの決済ネットワークのアウトライン

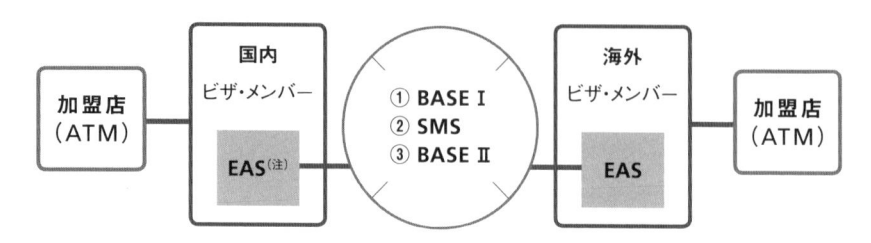

```
加盟店 ── 国内 ──┬─①BASE I ─┬── 海外 ── 加盟店
(ATM)   ビザ・メンバー │ ②SMS    │  ビザ・メンバー (ATM)
        EAS(注)       │ ③BASE II │      EAS
```

（注）EAS: Extended Access Server

[図表43] マスターカードの決済ネットワークのアウトライン

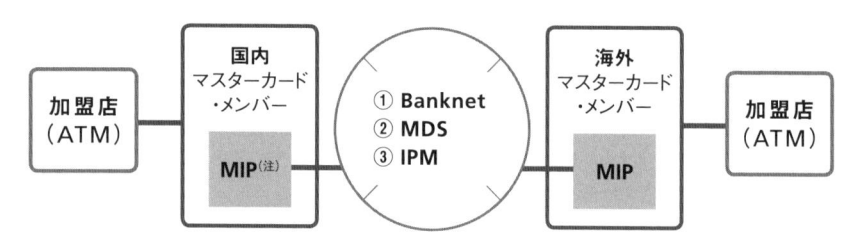

```
加盟店 ── 国内 ──┬─①Banknet─┬── 海外 ── 加盟店
(ATM)  マスターカード│ ②MDS    │ マスターカード (ATM)
       ・メンバー   │ ③IPM    │  ・メンバー
       MIP(注)                   MIP
```

（注）MIP: MasterCard Interface Processor

　金融取引の場合、オーソリ電文と売上電文を兼ねる電文がMDS（MasterCard Debit System）経由で送受信される。

　なお、売上電文についてはマスターカードが提供するWindowsベースのアプリケーション「MasterCard File ExPress」を用い、専用回線ではなく仮想専用線網（VPN）を利用したインターネット経由で送信するルートもある。

　また、国内間のイシュアーとアクワイアラー間の清算処理については「日本マスターカード決済機構」という日本独自のシステムで処理されており、マスターカードが指定するバンク・オブ・アメリカの口座に送金する形で行われている。

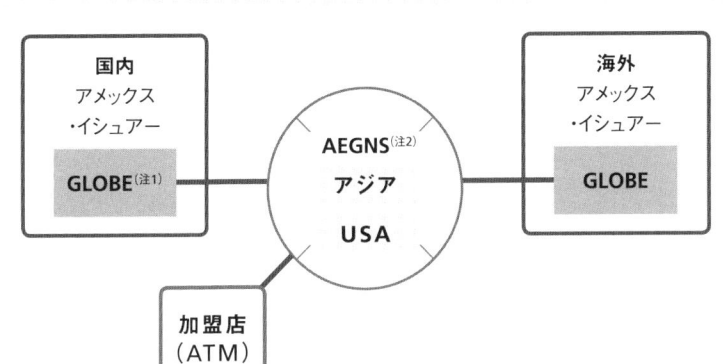

[図表44] アメックスの決済ネットワークのアウトライン

```
┌─────────────┐                            ┌─────────────┐
│   国内       │         AEGNS(注2)          │   海外       │
│ アメックス    │─────   アジア   ─────│ アメックス    │
│ ・イシュアー   │          USA               │ ・イシュアー   │
│ GLOBE(注1)  │                            │   GLOBE     │
└─────────────┘                            └─────────────┘
                         │
                    ┌─────────┐
                    │  加盟店  │
                    │ (ATM)   │
                    └─────────┘
```

(注1) GLOBE: Global Online Business Exchange
(注2) AEGNS: American Express Global Network Services

3) アメリカン・エキスプレス

アメックスのイシュアー（三菱UFJニコス、クレディセゾンを含む）は決済ネットワーク「AEGNS（American ExPress Global Network Services）」と接続している 図表44。

日本国内の加盟店において海外発行カードが利用された場合のオーソリ電文は、加盟店→情報処理センター（CAFIS、CARDNETなど）→アジア拠点→アメリカ拠点→海外イシュアーという経路をたどる。また、国内のグローバルATM（セブン銀行など）において海外発行カードが利用された場合は、国内ATM→CAFIS→AEGNS→イシュアーという経路をたどる。

4) ダイナースクラブ・インターナショナル

ダイナースの各フランチャイズ（日本ではシティカードジャパン）はダイナース用の決済ネットワークに接続しており、同ネットワークを経由して相互にオーソリ電文などの送受信を行っている 図表45。

また、国内設置のグローバルATMにおいて海外フランチャイズ発行のダイナースカードを利用した場合は、国内でATMのアクワイアリングを

[図表45] ダイナースの決済ネットワークのアウトライン

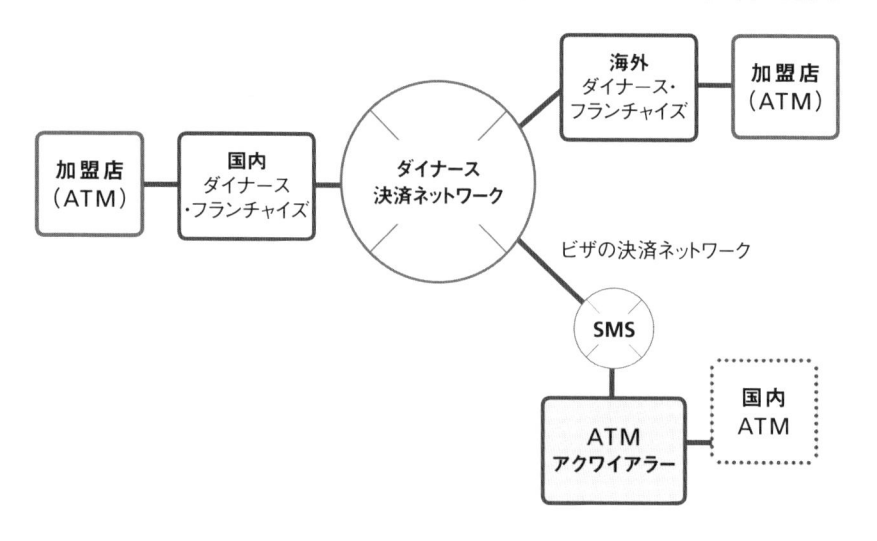

行う三井住友カード（グローバルATMアクワイアラー）→VisaNet（SMS）→ダイナース決済ネットワーク、という流れで海外フランチャイズに送信されるケースもある。ただし、PLUS参加の海外フランチャイズのみがこの経路をたどる。

その他、一部のフランチャイズではディスカバー・ファイナンシャル・サービシズ（ディスカバー）のATMが利用できる。なお、ディスカバーはATM・デビットカードの運営会社「PULSE（パルス）」を傘下に持ち、全米にATM26万台、同数のPOSターミナルを有している。

5）その他のブランド

海外のジェーシービー（JCB）加盟店でJCBカードを利用した場合、国内・海外発行を問わず日本のJCBを経由し、各JCBイシュアーにオーソリ電文が送られる。売上電文についてはアクワイアラーから送られてくるデータをJCBが仕分けを行い、各イシュアーとクリアリングを行う。なお、海外でのオンアス取引の計数などの実態についてはイシュアーの申告にゆだねられている。

また、中国銀聯では、日本国内の加盟店で中国発行の銀聯カードが利用された場合はCAFIS→中国銀聯経由で、中国の加盟店で日本発行の銀聯カードが利用された場合は銀聯商務→中国銀聯→CAFISを経由し、それぞれイシュアーにオーソリ電文が仕向けられる。銀聯商務は加盟店開拓を担当する中国銀聯の子会社。

2-5-2　グローバルATMサービス（PLUS、Cirrus）

1）PLUSとCirrus

PLUS（プラス）、Cirrus（シーラス）は世界中に設置されたグローバルATMにおける預金引出し、キャッシング取引のオンラインシステムで、PLUS、Cirrusのマークが表記された決済カードは、世界中どこでも同じマークが提示されるATMネットワークで現金の出金ができる。PLUSはビザ、Cirrusはマスターカードがそれぞれ中心となって運営を行っている　図表46　。

日本で発行された決済カードによるPLUS、Cirrusの取引において、クレジットカードによるキャッシングとして取り扱うか、国際キャッシュカードによる預金の引出しとして取り扱うかはイシュアーに依存する。

たとえば、信販会社が発行するマスターカードブランド付帯のクレジットカードでCirrusのATMを利用する場合はキャッシングとなり、銀行が

[図表46] ショッピングとATMの決済ネットワーク比較

	国際ブランド	決済ネットワーク	対応決済サービス
ショッピング	ビザ	VisaNet	Visa、VisaElectron
	マスターカード	Banknet	MasterCard Maestro
ATM	ビザ	PLUS	PLUS
	マスターカード	Banknet	Cirrus、Maestro(注)

(注) JCB、ダイナースクラブなども利用

発行するVisaデビットカードや国際キャッシュカードでPLUSのATMを利用する場合には預金引出しとなる。

日本国内でも、ゆうちょ銀行やセブン銀行が設置するATM、カード会社が設置するキャッシュディスペンサー（CD）において、海外発行カードによるPLUS、Cirrusのアクセプタンスが確保されている。

ゆうちょ銀行ではこれに加えてアメリカン・エキスプレス、JCB、ダイナースクラブ、中国銀聯の海外発行カードの出金を、さらにセブン銀行ではディスカバーによる出金にも対応している。これらの金融機関のATMと国際ATM網との接続は、おもにNTTデータの情報処理センターであるCAFIS経由で接続されていることが多い。

2）イシュアーの収益とコスト

a）収益

ATMでの国際取引においては、取引金額に応じてイシュアーが課金するマークアップフィー（MUF）に加え、取引単位で海外ATM利用手数料を課金するケースもある。日本のイシュアーはほとんどがノンバンクであることから海外ATM利用は融資に該当し、金利収益が得られる。ただし、その際のMUFが利息制限法のみなし利息に該当する懸念があるため、ノンバンクにおいては法定金利を超過しないよう海外ATM利用時にMUFを課さないケースがほとんどとなっている 図表47。

b）コスト

ATMでの国際取引においては、イシュアーが負担する取引金額に応じて支払うブランドフィーに加え、取引単位でのフィーが発生する。取引単位のフィーは、ATMアクワイアラー（ATM設置銀行）が顧客に手数料を徴収する場合と徴収しない場合とで額が異なる。

顧客が負担する手数料には、これとは別にATMアクワイアラーがATMごとに課すATM利用手数料がある。イシュアーが海外ATM利用手数料を課している場合、顧客は双方にATM手数料を支払うことになる。

[図表47] マークアップフィーがみなし利息に該当する場合

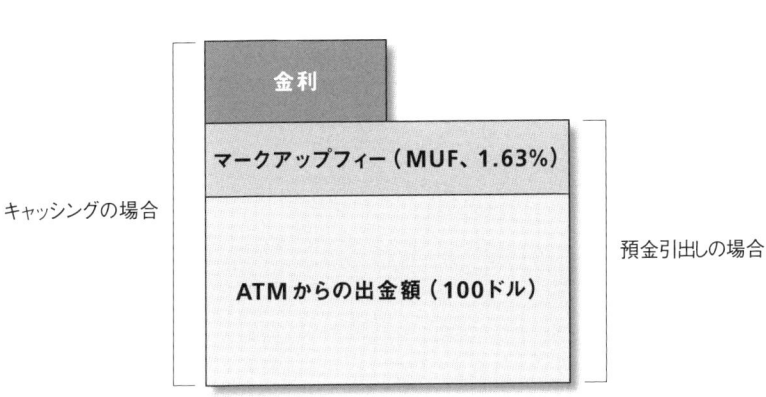

キャッシングの場合

- 金利
- マークアップフィー（MUF、1.63%）
- ATMからの出金額（100ドル）

預金引出しの場合

キャッシングにMUFを課すと、上記の例の場合1ドル100円のレートで27日後に返済する場合、163円（MUF）－105円（みなし利息除外分）＝58円がみなし利息とされる。純粋な金利は10,000円×20%÷365日×27日＝147円であるから、合計205円が利息とみなされ、205円÷10,000円÷27日×365日＝27.7%となり20%の出資法上の法定金利を超過してしまう。実際にはさらにATM利用手数料がかかるケースもあり、その場合は単純計算で50%近い金利となる。

2-5-3 国際デビットカード

1）国際デビットカードの概要

ビザやマスターカードなどの国際ブランドを付した決済カードのうち、与信を行わず金融機関口座の残高を確認し、利用金額を残高から即時に引き落す支払方式をとるカードを指す。海外では小切手を代替する決済手段との認識が高いためチェックカードなどと呼ばれることもある。

国際デビットカードの取引では、決済金額はオーソリゼーションにより確定する。同じ国際ブランドを付したクレジットカード、プリペイドカードと共通のアクセプタンスルールに基づき運用されている。

なお、日本の多くの預金取扱金融機関が発行している「J-Debit（ジェイ

デビット)」は預金から利用代金を引き落す点は国際デビットカードと同じだが、独自のネットワーク、アクセプタンスを持つ日本独自のサービスであり、国際デビットカードとの互換性はない 図表48 。また、本書における「デビットカード」の記述は、特記がない場合は国際ブランドのスキームによるデビットカードを指す。

2）国際デビットカードの特徴

a）クレジットカードとの比較

国際デビットカードとクレジットカードとの最大の相違点は、与信の有無と決済資金が引き落されるタイミングである。クレジットカードは初期与信と途上与信を行って会員の信用状況に合わせて利用限度額を定めているが、デビットカードは基本的に金融機関口座の残高イコール利用限度額となる。

また、引落しのタイミングもクレジットカードのマンスリークリア（一括払い）の場合、利用日から約25〜60日後に銀行口座から利用代金が引き落されるのに対して、国際デビットカードは即時引落しを原則としている。

ただし、実際の運用上は①オーソリ時に即時に預金口座から引き落す方式、②オーソリで残高をいったん保留し、売上データをイシュアーが受領後正式に引き落す方式——とがあり、いずれの処理方法を選択するかはイシュアーにゆだねられている。

b）普及状況

海外では2006年には決済件数で、2008年には取扱高でそれぞれデビットカードがクレジットカードを上回った。特に世界のペイメントカードを主導する米国においては、サブプライムローン問題に端を発した金融危機により、イシュアー各社が一斉に個人の与信を縮小したことと、自己資産の範囲内で堅実な支払いを行いたい消費者の双方の意向から、デビットカードの拡大に拍車がかかっている。

一方、わが国では1回払い（マンスリークリア方式）が普及していること、かつて法規制により金融機関本体の決済カードの発行が認められ

[図表48] **クレジットカードとデビットカードの違い**

	クレジットカード	デビットカード	J-Debit
発行形態	国際ブランドの規定した仕様		銀行キャッシュカードの標準仕様
口座引落し	約25～60日（マンスリークリア方式）	原則即時	即時
アクセプタンス 国内	各ブランド加盟店（非対面取引も可能）提携先ATM		J-Debit専用加盟店、非対面は不可（ただし、一部料金代引に対応）
アクセプタンス 海外	各ブランド加盟店（非対面取引も可能）提携先ATM（現地通貨の出金）		不可
利用方法	磁気端末加盟店ではサイン、IC加盟店では暗証番号を入力		キャッシュカード用の暗証番号を入力
利用可能時間	原則、24時間		発行金融機関により異なる（平日8:00～21:00、休日9:00～19:00は全金融機関で利用可能）
利用休止日	なし		一部金融機関では1月1日～3日、5月3日～5日

なかったこと、オーソリのインフラに起因して未収リスクが発生すること[未収リスク→P.128]——などにより、国際デビットカードの普及は進んでいない。

c）収益構造

クレジットカードにおけるイシュアーの収益は、①会費、②インターチェンジから得られる手数料[インターチェンジフィー→P.103]、③リボ払いの手数料——が3本柱となっている。他方、デビットカードにおいては金利が発生しないため、収益は会費と手数料に限られるものの、即時払いのために与信・回収にかかるコストがクレジットカードに比べて少ないという特徴を備える。

3）オンラインオーソリ専用デビットカード

a）オンラインオーソリが行えない加盟店でのデビットカード

国際ブランドによるデビットカードには、オンラインオーソリが可能な加盟店（決済端末）以外での利用を禁止したものがある。以下、本項ではオンラインオーソリ専用デビットカードと呼ぶ。

デビットカードは、クレジットカードと同じ加盟店ならびに決済ネットワークを利用するため、オンラインオーソリが行えないエアラインの機内販売などの加盟店（いわゆるオフライン加盟店）でも利用できる。

オフライン加盟店でのデビットカード利用は、加盟店が売上処理を行うまでイシュアーはカード取引を認識できない。そのため、加盟店での利用から売上処理を行うまでの間、一時的にイシュアーに立替払いが発生し、未収リスクが生じるなどの問題がある[未収リスク→P.128]。

b）Visa Electron、Maestro

そこで、国際ブランドは、インプリンターで売上伝票を作成する加盟店での利用を認めないオンラインオーソリ専用デビットカード、「Visa Electron（ビザ・エレクトロン）」（ビザ）、「Maestro（マエストロ）」（マスターカード）を導入した。とくにVisa Electronは、インプリンター処理を防止するために券面にカード番号などのエンボスを行わず、表記

を印刷処理することで券面を平滑に保っている（エンボスレスカード）。なお、両カードには一般的なビザ、マスターカードのそれと異なる専用のアクセプタンスマークが用意されている。

　もっとも、世界的にオンライン決済端末の普及が進み、近年オフライン加盟店は一部の地域に限定される傾向にある。また、エンボス設備を持たない施設での即時発行や、非接触ICカードへの対応を図るため、通常の決済カードにもエンボスレスカードが出現している。これらのエンボスレスカードによるオフライン加盟店の忌避はオンラインオーソリ専用デビットカードと同様の効果を持つため、今後はエンボスレスの通常のデビットカードに統合される方向にある。

2-5-4　国際プリペイドカード

1）国際プリペイドカードの概要

　ビザやマスターカードなどの国際ブランドを付した決済カードのうち、前払いで申し受けた管理口座（プリペイド口座）の残高を確認し、利用金額を管理口座から即時に引き落す支払い方式をとるカードを指す。先に解説した国際デビットカードは、残高を金融機関の預金残高で管理するのに対し、国際プリペイドカードは一般に非金融機関が発行者となるプリペイド口座残高で管理する。両者は管理口座の性質や所在の違いを除き仕組みはほぼ同一と考えてよい 図表49 。

　しかし、国際プリペイドカードは残高を即時照会するためオンラインオーソリは必須である。そのためインプリンターで売上伝票を作成する加盟店、決済端末はあるもののオンラインオーソリが不可能な環境での利用を原則として認めていない。

2）国際プリペイドカードの課題

　国際プリペイドカードは、取引上オンラインオーソリを必須としているため、実質的な仕組みはオンラインオーソリ専用デビットカードと全く同一である。

　国際プリペイドカードは、一般にサービスコードをオンライン専用とし

[図表49] 国際プリペイドカードと国際デビットカードの違い

		国際プリペイドカード	国際デビットカード
発行形態		国際ブランドの規定した仕様	
資金		前払いされたバリュー（プリペイド）	銀行預金
代金引落し		原則即時	
アクセプタンス	国内	各ブランド加盟店（非対面取引も可能）、提携先ATM	
	海外	各ブランド加盟店（非対面取引も可能）、提携先ATM（現地通貨の出金）	
利用方法		磁気端末加盟店ではサイン、IC加盟店では暗証番号を入力（国際プリペイドカードは磁気カードのみ）	
利用可能時間		原則、24時間	
利用休止日		なし	

て発行する。しかし、一部の決済端末ではサービスコードを無視する仕様のものがあり、フロアリミットまでオフライン処理する決済端末では残高にかかわらず利用できてしまう可能性がある。日本はサービスコードの処理を行わない決済端末が多く、そのような可能性が高い地域である。

2-5-5 国際ブランド取引にかかる手数料

1) インターチェンジにかかる手数料

国際ブランドのネットワークを介した決済カードの取引（インターチェンジ）においては、イシュアー、アクワイアラー、国際ブランドがそれぞれ手数料をシェアすることで、3者が収益を確保する仕組みとなっている。インターチェンジに関する手数料には、大きく①加盟店手数料、②インターチェンジフィー、③ブランドフィー（ボリュームフィー、スイッチングフィー）

[図表50] **インターチェンジに関する手数料の種類**

		大まかな値	支払元	支払先
加盟店手数料		取扱高の1〜5％程度	加盟店	アクワイアラー
インターチェンジフィー		取扱高の0.6〜2.5％程度	アクワイアラー	イシュアー
ブランドフィー	ボリュームフィー	取扱高の0.0数〜0.5％程度	イシュアー／アクワイアラー	国際ブランド
	スイッチングフィー	取扱件数1件につき0.1米ドル、0.5〜1.0円程度	イシュアー／アクワイアラー	国際ブランド

の3つがある 図表50 。以下、 図表51 に基づいて解説する。

2）インターチェンジフィー

a）概要

　インターチェンジで発生する各種手数料のうちイシュアーの収入となるのがインターチェンジフィー（売上交換手数料）である。これは加盟店においてカード取引が行われた際、アクワイアラーが獲得する加盟店手数料からイシュアーに一定の割合で支払われる手数料を指し、イシュアーフィーとも呼ばれる。

　加盟店手数料のイシュアーへの分配率は国際ブランドが規定しており、この料率をビザではIRF（Issuer Reimbursement Fee）、マスターカードではICR（InterChange Rate）と呼んでいる。

b）インターチェンジフィーの配分率の決め方

　国際ブランド自らが加盟店開拓するJCB、アメックス、ダイナースにおいては、各ブランドが加盟店から受け取る手数料のうち一定割合をイシュアーに分配している。

[図表51] インターチェンジから得られる収入のイメージ

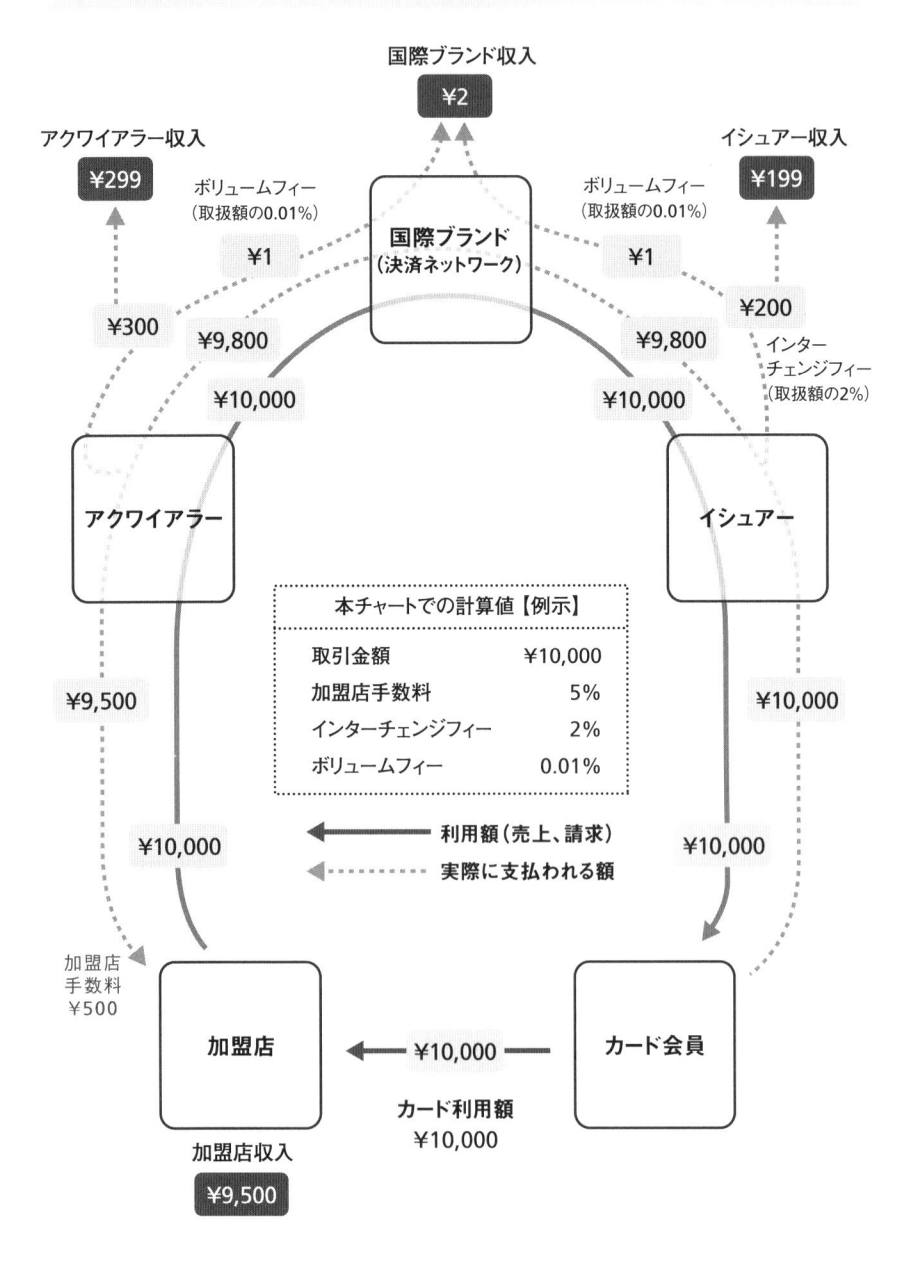

国際ブランド収入 ¥2

アクワイアラー収入 ¥299

イシュアー収入 ¥199

- ボリュームフィー（取扱額の0.01％）：¥1
- ボリュームフィー（取扱額の0.01％）：¥1
- インターチェンジフィー（取扱額の2％）：¥200

国際ブランド（決済ネットワーク）

アクワイアラー ← ¥300 / ¥9,800 / ¥10,000
イシュアー ← ¥9,800 / ¥10,000

アクワイアラー → 加盟店：¥9,500（加盟店手数料 ¥500）、¥10,000
イシュアー → カード会員：¥10,000
加盟店 ← ¥10,000 ← カード会員

本チャートでの計算値【例示】

取引金額	¥10,000
加盟店手数料	5％
インターチェンジフィー	2％
ボリュームフィー	0.01％

← 利用額（売上、請求）
◁---- 実際に支払われる額

カード利用額 ¥10,000

加盟店収入 ¥9,500

ブランド自らが加盟店開拓を行わないビザ、マスターカードにおいても、以前はJCBなどと同様に手数料額に一定の料率を乗じた額の手数料をイシュアーに分配していた。

しかし、アクワイアラーの新規参入が起こった1990年代後半以降、激しい手数料競争が発生し、手数料水準が下げ止まらない状態に陥ったため、インターチェンジフィーの料率を取扱高ベースに改めた。これにより、アクワイアラーが加盟店とどのようなレートで加盟店契約を締結しても、イシュアーが受け取る手数料率は一定となった 図表52 。この仕組みは加盟店手数料の相場が高い場合はアクワイアラーが有利で、低い場合は逆にイシュアーが有利となるため、加盟店手数料率のダンピングを抑止する効果がある。

なお、インターチェンジフィーの料率は世界中すべての加盟店に等しく適用されるわけではなく、国際ブランドが管理地域［国際ブランドの地域性→P.63］や、対象となる企業の規模やリスクなどに応じて設定し、定期的な見直しを行っている。クレジットカードと比べ、デビットカードのインターチェンジフィーが低率なのは、イシュアーの回収リスクが低いからである 図表53 。

［図表52］
インターチェンジが1.5%の場合の加盟店手数料のイシュアーとアクワイアラーの取り分

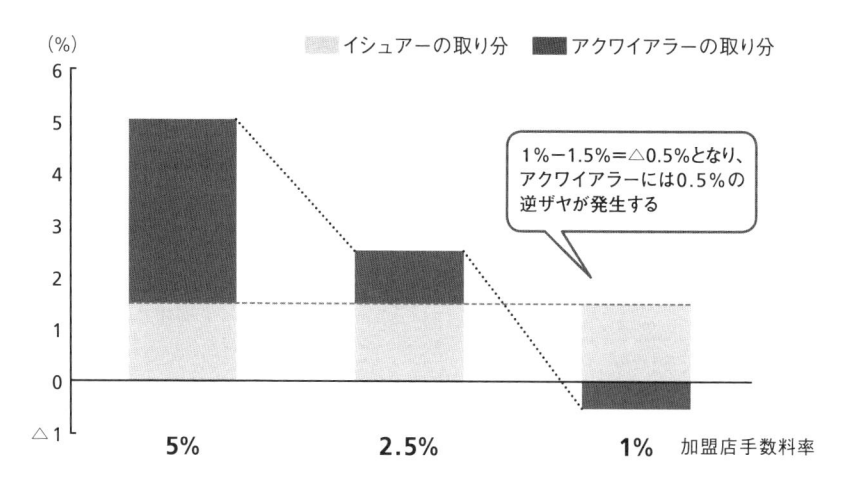

1%－1.5%＝△0.5%となり、アクワイアラーには0.5%の逆ザヤが発生する

（加盟店手数料率: 5%、2.5%、1%）

[図表53] ビザとマスターカードのインターチェンジフィー

加盟店種別	種別	ビザ（IRF）	マスターカード（ICR）
スーパーマーケット	デビット	0.62%+$0.13 ～ 1.03%+$0.15	0.70%+$0.15 ～ 0.95%+$0.15
	クレジット	1.15%+$0.05 ～ 1.24%+$0.05	1.27%+$0.00 ～ 1.42%+$0.05
小売	デビット	0.62%+$0.13 ～ 1.03%+$0.15	1.64%+$0.16
	クレジット	1.43%+$0.10 ～ 1.54%+$0.10	1.89%+$0.10
eコマース	デビット	1.36%+$0.15 ～ 1.60%+$0.10	1.05%+$0.15 ～ 1.15%+$0.15（UCAF）
	クレジット	1.58%+$0.15 ～ 1.85%+$0.10	1.58%+$0.15 ～ 1.68%+$0.15（UCAF）
ホテル・レンタカー	デビット	1.36%+$0.15	1.336%+$0.15
	クレジット	1.58%+$0.10	1.58%+$0.10
交通機関	デビット	1.60%+$0.15	1.55%+$0.04
	クレジット	1.75%+$0.15	1.75%+$0.15
レストラン	デビット	1.19%+$0.10	1.19%+$0.10
	クレジット	1.54%+$0.10	1.89%+$0.10

（資料）Visa Inc.ならびにMasterCard World Wideの開示資料

3）ブランドフィー

a）概要

　ブランドフィーは、国際ブランドがメンバーである金融機関やカード会社から徴収するブランドの利用料で、原則として国際ブランドを利用した取引のすべてに対し課金される。

b）ブランドがメンバーから徴収するフィー

　イシュアーならびにアクワイアラーに課されるブランドフィーは大きくインターチェンジにかかる手数料とそれ以外の手数料がある。前者は取引件数に対するものと取扱高に対する課金で構成、ともに従量課金である 図表53 。

　後者は、会員数やゴールドカードの発行枚数に対する課金、国際ブランドから貸与されている BIN［BIN→P.120］が使用されないままの状態に対する課金などがある。

c）オンアス取引におけるボリュームサービスフィー

　オンアス取引［オンアス取引→P.124］はブランドを経由しない取引であるため、国際ブランドは取扱高が把握できない。しかし、ブランドルール上はオンアス取引であってもボリュームサービスフィーを支払う義務がある。そのため、アクワイアラーでもあるイシュアーはオンアス取引の取扱高をブランドに自主申告し、フィーを支払う。

　イシュアーにとっては、自社のカードが自社契約の加盟店で利用される取引を国際ブランドに申告することに対して抵抗があることから、ブランドはペイメントカードとしてのオンアス取引のボリュームサービスフィー手数料率は最小限に設定し、イシュアーに正確な申告を促している。

4）加盟店手数料

　カード会員が加盟店で決済カードを利用した際、加盟店はその売上代金から一定の料率を乗じた額を手数料としてアクワイアラーに支払う（加盟

店手数料)。

加盟店手数料は、ビザ、マスターカードではMDR（Merchant Discount Rate）、日本のJCBでは加盟店割引料と呼ばれている。

アクワイアラーの新規参入など加盟店の獲得競争が激化したことで手数料率は低下傾向にあり、おおよそ1〜6％程度となっている。なお、手数料率は加盟店の規模や業種によって異なり、潜在的なリスクがあるとされている料飲業や非対面取引を行う加盟店は高めの料率に設定されていることが多い。

2-5-6　チャージバック

1）概要

イシュアーがアクワイアラーに対し、不正または瑕疵が疑われる取引についてその理由を明示し、該当取引の売上提示分の支払拒否、あるいは支払い済みの立替払金相当額の返還を請求することをチャージバックという。

おもな理由事項は、金額相違、非対面利用覚えなし、会員番号なし、オーソリ不承認取引、チップライアビリティシフト、該当会員なし、対面取引での悪用——などで、ビザ、マスターカードではそれぞれ30〜40種類程度規定し 図表54 、それぞれに理由コード（Reason Code）と呼ばれる番号が割り振られている。ちなみに、示されることの多い事由は、会員申告による利用覚えなし、商品未受領などである。

2）チャージバック処理のフロー

チャージバック処理は国際ブランドが定める期限内に速やかに行わなければならない。期限は理由コードごとに定められており、短いもので45日、最長で120日程度である。

なお、アクワイアラーがチャージバックの請求を承諾しない場合は、所定の期間内にイシュアーに対し理由を示して抗弁しなければならない。当該売上げの正当性を証明できない場合、当該売上げに対するチャージバックを受け入れる義務を負う 図表55 。

アクワイアラーのチャージバック回答をイシュアーが不服とする場合は、

[図表54] マスターカードのリーズンコードの例

分類	Reason Code	理由
オーソリゼーション	4807	Warning Bulletin File
	4808	Requested/Required Authorization Not Obtained
	4812	Account Number Not On File
不正利用	4837	No Cardholder Authorization
	4840	Fraudulent Processing of Transactions
	4847	Requested/Required Authorization Not Obtained and Fraudulent Transaction
	4849	Questionable Merchant Activity
	4862	Counterfeit Transaction Magnetic StriPe POS Fraud
	4870	ChiP Liability Shift
	4871	ChiP/PIN Liability Shift

(資料) MasterCard Worldwideの開示資料

[図表55] チャージバックのプロセス

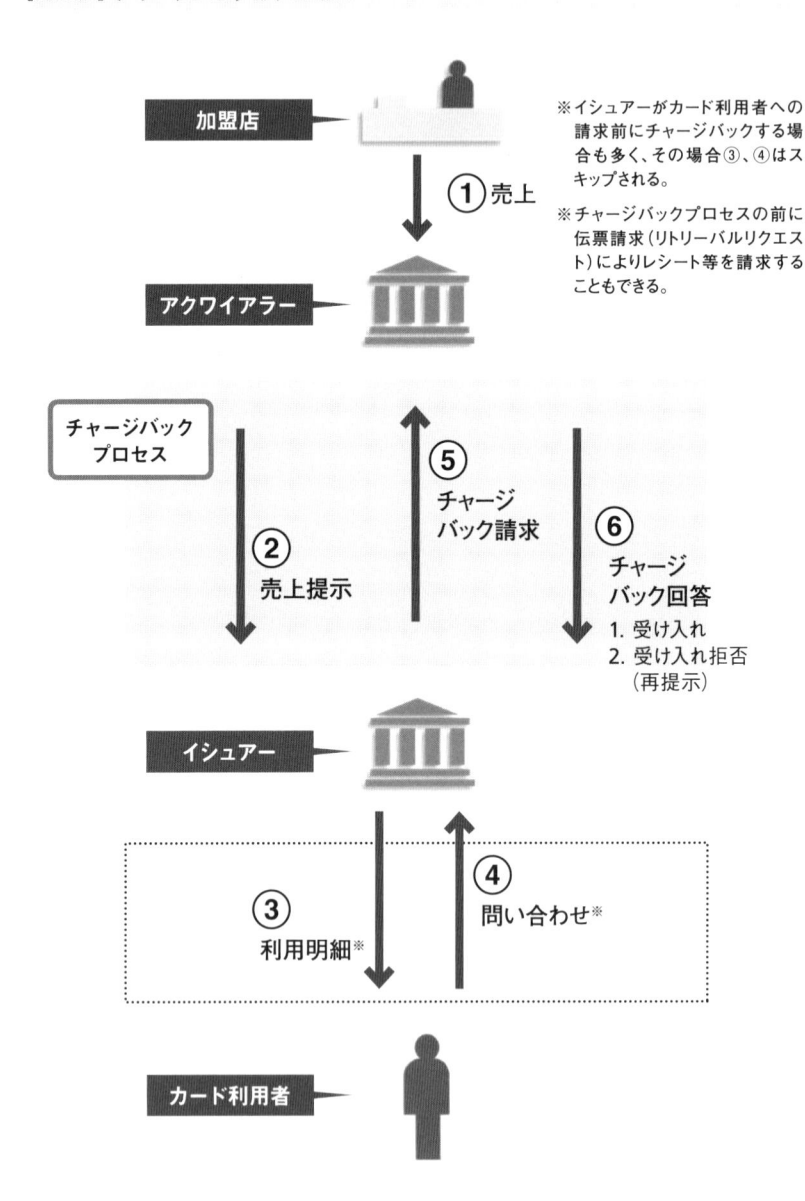

※イシュアーがカード利用者への請求前にチャージバックする場合も多く、その場合③、④はスキップされる。

※チャージバックプロセスの前に伝票請求（リトリーバルリクエスト）によりレシート等を請求することもできる。

加盟店

① 売上

アクワイアラー

チャージバックプロセス

② 売上提示

⑤ チャージバック請求

⑥ チャージバック回答
1. 受け入れ
2. 受け入れ拒否（再提示）

イシュアー

③ 利用明細※

④ 問い合わせ※

カード利用者

イシュアー、アクワイアラー双方の主張をもとに、チャージバック内容や手続きが正しく行われたかどうかを再確認した上で、最終的に国際ブランドが任命した有識者が判定を下すアービトレーション（裁定）を行う。

裁定にはおよそ2〜3カ月程度の期間を要する。提訴（裁定要求）および裁定結果に対してそれぞれ費用が発生する仕組みとなっており、最終的には敗訴側がその合計費用（500ドル程度）を国際ブランドに支払う。

3）処理コストとオートチャージバック

チャージバックは、不正売上げの金額が一定以上でないとコスト倒れになる。イシュアーのチャージバック請求の単価は年々下がる傾向にあり、現在はおよそ60％以上が1万円以下の請求となっている。チャージバック処理にかかるコストはイシュアーによって異なるが、1件のチャージバック処理につき数千円程度かかるようだ。

たとえば、アメリカでは無効カード、有効期限切れなど理由が明らかで調査が不要な瑕疵売上げについては、そのほとんどを自動処理（オートチャージバック）するイシュアーも多い。

4）国内相互取引におけるチャージバック

本稿で解説するチャージバックはイシュアーとアクワイアラー間で国をまたぐ国際取引（国際ブランドのネットワークを経由する取引）のみが対象である。国内相互取引については、1990年代初頭に制定された独自の国内ルールに基づく運用が現在も続いている。国内ルールは少しずつ改定されてはいるが、制定当時から現在に至るまでの環境変化、国際取引との二重手続きなどを避けるために、現在は国際取引におけるチャージバックルールを適用する方向で調整が進んでいる。ビザは2013年7月を目処に、国内取引についても国際取引におけるチャージバックルールに準拠する方針を固めた。

2-6　国内の決済ネットワーク

　取扱いの大多数を占める日本国内でのカード取引においては、日本独自の決済ネットワークが発展しており、必ずしも国際ブランドの決済ネットワークのようなシンプルな構造にはなっていない。この項では、国内の決済ネットワークの仕組みと決済実務について解説する。

2-6-1　国内カード会社のシステム概要

　クレジットカード会社のシステムは、カード会員、加盟店との取引に加え、会員の海外でのカード利用、海外カードの国内加盟店での受け入れなど多岐にわたるため、対外システムとの接続が多い 図表56 。とりわけ、発行時審査、途上与信などの与信管理システムが重要視されている。深夜の利用や時差のある海外での利用に対応するため、24時間連続稼働を行うシステムも少なくない。個々の業務システムについては、該当個所を参照［途上与信→P.17、加盟店管理→P.50以下］。

[図表56] ある銀行系クレジットカード会社のシステム概念図

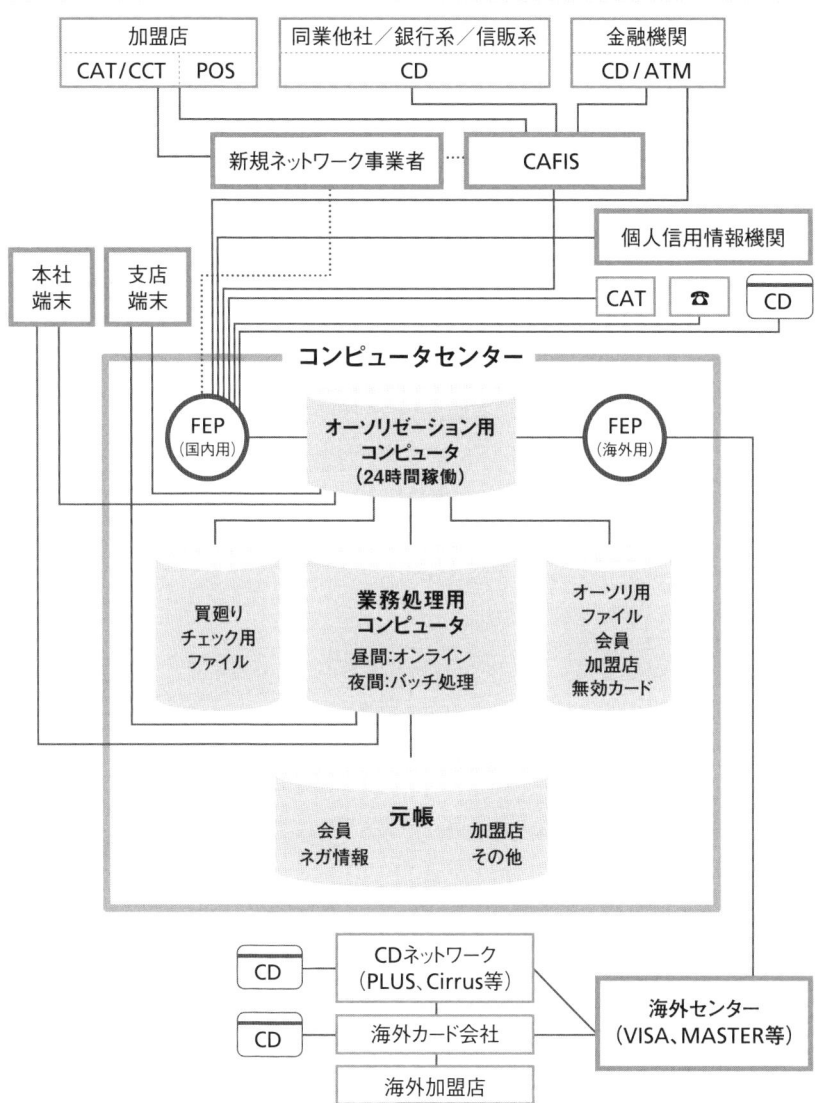

※FEP（Front End Processor）:外部の端末やコンピュータシステムとホストコンピュータの間に置かれ、データ送受信や伝送チェックを行うコンピュータ。
※CAFIS（Credit And Finance Information System）:第二種電気通信事業者の提供するネットワークで、CATによるオーソリゼーションのほか、銀行POSやCD提携にも利用されている。
※………部はクレジット会社により異なり、どちらかで接続している。

（資料）金融情報システムセンター『平成23年版金融情報システム白書』

2-6-2 情報処理センター

1）情報処理センターの概要

　加盟店とカード会社間、またはカード会社相互間に介在する情報処理センターは、オーソリデータや売上データの中継および代行処理を行うネットワークシステムである。国内の主要な情報処理センターは、NTTデータが提供するCAFISや日本カードネットワークが提供するCARDNETセンターなどがある 図表57 。

　加盟店との接続形態は大きく2つに分けられ、ひとつが加盟店に設置した決済端末と電話回線などで通信する直接接続で、この形態は個人商店などに多い。もうひとつが、大規模店舗やチェーン店などにみられる、各加盟店のPOSデータを決済サーバーへ集約させ、決済サーバーと情報処理センターを接続する方法である。

　情報処理センターは、加盟店、カード会社、国際ブランド間のハブとしての機能を提供している。これにより、カード会社は加盟店ごとに、また

[図表57] **おもな決済処理ネットワークと運営会社**

ネットワーク	運営会社	接続先情報処理センター
INFOX-NET	NTTデータ	CAFIS
CARDNET	日本カードネットワーク	CARDNET
C-HAS	エスアイアイ・データサービス（セイコーインスツル系列）	CAFIS
COC	シー・オー・シー（アイネス系列）	CAFIS
CREPiCO	エスアイアイ・データサービス	CAFIS
CSKネット	CSKネットワークシステムズ	CAFIS
C→REX	JTB	CARDNET
NRI	NRIデータサービス	CARDNET
GPネット	ジー・ピー・ネット	VisaNET、CAFIS

加盟店にとっても契約アクワイアラーごとに、異なるシステム仕様にあわせて直接接続する必要がなくなることから、システム負荷を抑制できるメリットがある。

2）主要な情報処理センター

a) CAFIS（Credit And Finance Information System）

　　国内最大のカード決済総合ネットワークシステムで、NTTデータがサービスを提供している。加盟店とカード会社間のオンライン接続機能、各カード会社や情報処理センターを識別しデータの送受信を行うスイッチング機能などを持ち、加盟店、カード会社、金融機関とのネットワークを構成する。

　　1999年4月からサービスを開始した「INFOX-NET」は、CCT決済端末［CCT決済端末→P. 118］であるINFOX端末からのカード決済情報をオンライン中継する決済ネットワークで、CAFISを通じて各カード会社・金融機関と接続している。

b) CARDNETセンター

　　日本カードネットワークが運用するカード決済オンラインネットワークシステム。加盟店の決済サーバーとカード会社間を接続し、オーソリ・売上データをスイッチングする「センター間接続サービス」や、売上・ネガデータを交換する「JTRANS伝送サービス」のほか、CCT決済端末であるJET-S端末からの決済情報を一括加工して加盟店本部へ伝送する「データ集計サービス」など、カード決済に伴う各種サービスを提供している。

c) GPネット

　　ビザ・インターナショナル（当時）が設立した日本国内のオンラインネットワークシステム。国内に設置されたGPネット専用決済端末や加盟店とカード会社間の接続サービスおよび加盟店へのデータ還元などの付加価値サービスを提供している。具体的には、一般公衆回線やISDN回線、IP接続など、店舗の通信環境に応じた端末を提供する「カード端末

サービス」、GPネットが提供する端末以外から発生した取引を加盟店ホスト経由でGPネットへ直接送信できる「ホスト接続サービス」、端末の決済データを集計し加盟店に還元する「売上データ還元サービス」などがある。

d) C→REX

　JTBが展開するクレジットカードとデビットカードの決済情報処理サービスシステムである。観光業界でのJ-Debit普及を目的として発足した。2007年2月、情報処理センター業務においてCARDNETと提携、現在はCARDNETセンター内のセンター機能を利用して、各カード会社へのデータスイッチング処理のほか、決済情報データの還元、売上データ照会サービスなどの提供を行っている。

3）情報処理センター間の相互接続

　アクワイアラー、イシュアー、加盟店が接続している情報処理センターがおのおの異なる場合があり、このような場合に重要な役割を担うのが情報処理センター同士の相互接続である。

　加盟店とイシュアーの接続先情報処理センターが異なっていても、図表58 のように日本の大手情報処理センター（CAFIS、CARDNET、GPネットなど）は専用線で相互に接続されているので、両者がいずれか1つの情報処理センターに接続されていれば、情報処理センター間の接続経路を利用してオーソリ電文を他の情報処理センターに仕向けて、アクワイアラーからイシュアーに伝送することができる。

　たとえば、イシュアーがCAFISのみに接続し、アクワイアラー・加盟店がCARDNETに接続しているとする。その加盟店でカードが利用された場合、オーソリは加盟店→CARDNET→アクワイアラー→CARDNET→CAFIS→イシュアーという経路をたどることになる。

　なお、このような接続形態を事業者によっては「センター間接続」と呼ぶこともあるが、情報処理センターを経由する加盟店の決済サーバーとカード会社間の接続を指して「センター間接続」と呼ぶ事業者もあるため、用語の使い方には注意が必要である。

2-6 国内の決済ネットワーク

[図表58] 国内の決済ネットワーク（CAFISの例）

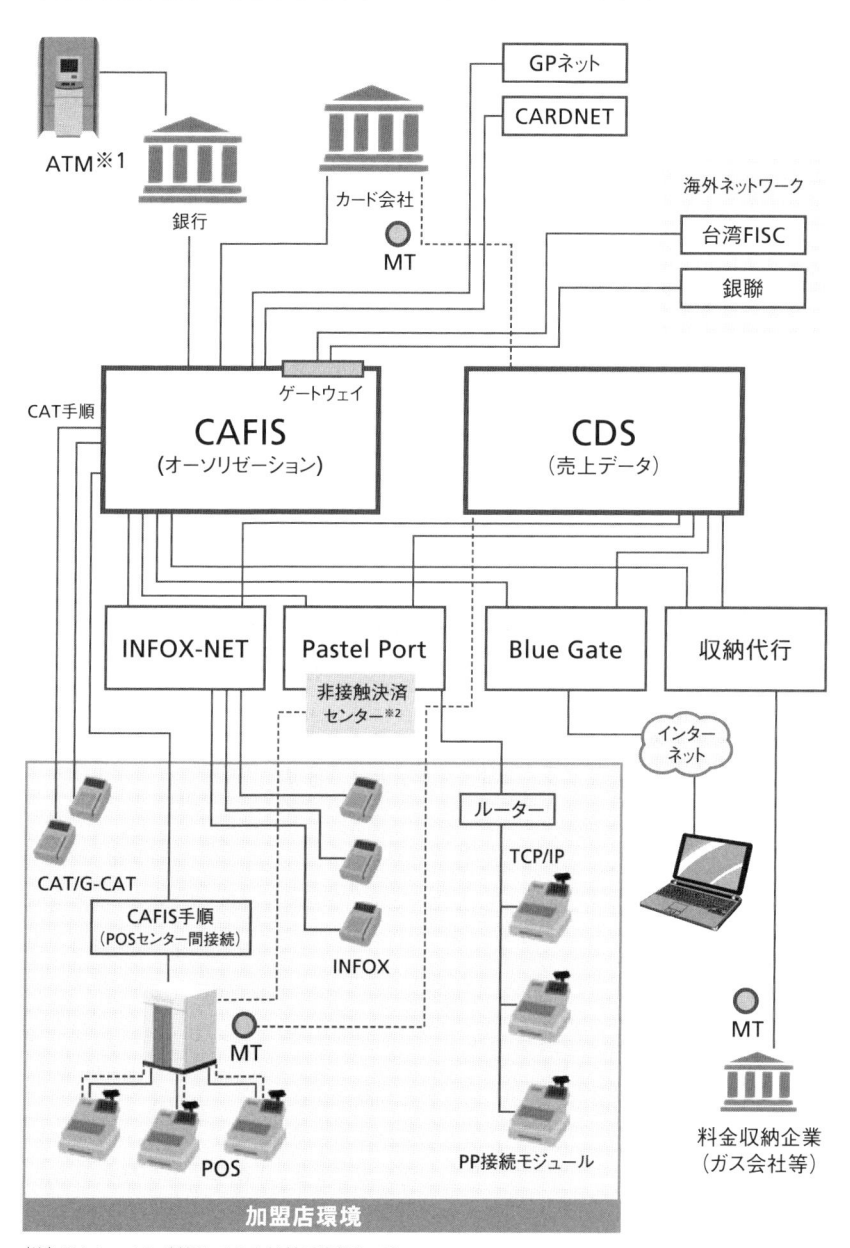

（注）※1：キャッシング利用　※2：非接触IC決済サービス。

2-6-3　決済端末

1）決済端末の概要

　国際ブランドが発行する決済カードなどでのカード取引において、情報処理センターを介して決済ネットワークと接続し、加盟店でのオーソリ業務や売上集計業務を担っているのが決済端末である。厳密には、CAFISに直接接続されている端末をCAT、CAFIS以外の各情報処理センターが独自に開発し、加盟店に提供している端末をCCTと呼ぶ。またこれらを総称して「信用照会端末」と呼ぶこともある。

　接続環境、決済環境の充実と共に、決済以外のサービスも重視されてきており、近年では、ひかり電話回線への対応による接続回線の高速化、タクシー・訪問販売業界での利用を前提としたモバイル端末の強化やポイント処理機能を持つ端末の開発なども行われている。

2）おもな決済端末

a) CAT (Credit Authorization Terminal)

　　NTTデータが運営する情報処理センターCAFISに接続するオンライン決済端末で、INFOX端末の前身。売上承認（オーソリ）機能、売上伝票作成機能を備えており、端末を設置した加盟店とカード会社とをオンライン接続することで、クレジットカードの信用状況をリアルタイムにチェックする。

　　その他、オーソリと同時に売上精算業務を行うデータ・ギャザリングに対応したCATであるG-CAT (Gathering-Credit Authorization Terminal)、オーソリのみを行うS-CAT (Simple Credit Authorization Terminal) がある。

b) CCT (Credit Center Terminal)

　　CAFIS以外の情報処理センターが認定し、売上データのリアルタイムもしくはバッチ送信などに対応した端末の総称。G-CATとほぼ同じ機能を持つが、センターごとに仕様が異なる。以下、代表的なものを紹介する。

ア）INFOX

　決済手段の多様化に対応した多機能決済端末。NTTデータが運営する決済ネットワークINFOX-NETに接続される。国際ブランドの決済カードだけでなく、J-Debit、ポイントカード、非接触IC決済にも対応する。レジ据置型、モバイル型、タクシーメーターや病院システムと連動した特殊型など加盟店の業態に応じた選択が可能である。

イ）SG-T（SG-Terminal）

　GPネット専用の決済端末。カード情報の読み取りから与信照会のためのネットワーク選定、ダイヤル、売上データ集計まで、カード取引に必要な処理を1台で行う。磁気カード専用端末と磁気・ICカード兼用端末があり、クレジットカード、J-Debit、ギフトカードなどの磁気プリペイドカードなどをサポートする。

ウ）JET-S

　日本カードネットワークが提供する決済端末で、CARDNETセンターと接続する。店舗内に電話回線を敷設する据置型のJET-STANDARDと、携帯電話回線での通信ならびに短距離無線技術Bluetoothを利用した公衆回線での通信に対応するモバイル型のJET-MOBILEがある。どちらの端末も、クレジットカード、J-Debit、接触・非接触ICカードに対応している。

　2008年には、ポイントカード・ギフトカード処理機能を搭載した据置型JET-S端末がリリースされた。CARDNETセンター、ポイントカード処理センター、ギフトカード処理センターと接続することで、カード決済とポイントカードやギフトカードの処理を1台の端末で行うことができる。

c）POS（Point Of Sale）

　POSとは、商品販売時に店頭で記録した販売情報の集計結果を在庫管理やマーケティングに利用する販売時点情報管理システムをいう。レジと一体化したものをPOSレジと呼び、カードリーダやPINパッドを備えたPOSレジは決済端末の役割も果たす。

　スーパーの食品売場などではカード取引の際にオーソリ電文をイシュアーに送らずストアコントローラと呼ばれる店舗売上管理コンピュー

タで折り返す、いわゆる全件オフライン処理を行う、あるいは決済額がフロアリミット未満の場合はオフライン処理を行い、POSシステムの決済サーバーで無効カードなどのネガチェックを行っているケースも多い。

これはオンラインオーソリにかかる処理時間を解消するため採用されている仕組みで、今後、オンラインオーソリの高速化が実現すれば、全件オンライン処理の導入が期待される。

カード会社が保有・管理して加盟店に貸与するCATやCCTに対し、POSレジは加盟店が所有権を持つ設備であり、端末改修コストは加盟店側で負担する。このため、POSレジではICカードへの対応が遅れており、日本ではPOSのEMV化に伴うコスト負担を拒む大手加盟店を中心に、改修コストをカード会社に転嫁しようとするケースもみられる。

3）BIN

決済端末にはカード会社ごとの業務処理要件やオンライン通信条件などが登録されており、これに則って業務処理および通信処理を行っている。

決済端末で取り扱うカードは、そのイシュアーによって取扱種別、オーソリゼーションやクリアリングの仕向先が異なるが、その仕分けにはBIN（Bank Identification Number、銀行識別番号）を用いることが多い。

国際標準機構（ISO）では、IDカードの口座番号をISO/IEC7812で最初の1桁目を主要産業識別子（MII：Major industry identifier、図表59）、MIIを含む最初の6桁を発行者識別番号（IIN：Issuer Identification Number、図表60）として定義している。BINはISO/IEC7812に準拠しており、2桁目以降は各国際ブランドがイシュアーの割り当てなどを追加定義し、4桁目までで実質的に全世界のカードイシュアーが特定できる。

現在、国際ブランドが使用しているMIIは、ビザが4、マスターカードが5、JCBならびにアメリカン・エキスプレスが3、中国銀聯が6となっている。

[図表59] ISOで割り当てられた主要産業識別子

数値	産業
0	ISOによるその他将来の産業への割当
1	航空
2	航空、その他将来の産業への割当
3	旅行と娯楽、銀行・金融
4	銀行・金融
5	銀行・金融
6	流通、銀行・金融
7	石油、その他将来の産業への割当
8	ヘルスケア、通信、その他将来の産業への割当
9	国ごとの標準化団体による割当

[図表60] Issuer Identification Number

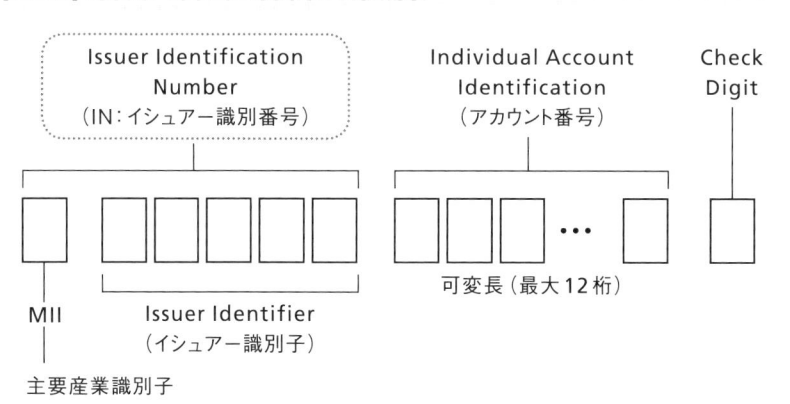

Issuer Identification Number
（IN：イシュアー識別番号）

Individual Account Identification
（アカウント番号）

Check Digit

MII
主要産業識別子

Issuer Identifier
（イシュアー識別子）

可変長（最大12桁）

2-7 決済実務の概要

2-7-1 オーソリゼーション実務

1）概要

　オーソリゼーションはクレジットカードの利用場面に応じて、ショッピングでのカード決済をチェックするショッピングオーソリと、CD・ATMによる現金取引をチェックするキャッシングオーソリの2つに大きく分類できる。

　かつて、加盟店は電話でイシュアーに販売承認の可否を問い合わせていたが、現在では通信回線に接続された決済端末によるオンラインオーソリが主流になっており、本項では電話承認については省略する［オフライン加盟店→P.127］。

　常時、イシュアーは会員の返済状況やカード利用状況などをモニタリング、データベースで管理している［途上与信→P.17］。会員のカード利用時に加盟店からオーソリ電文を受け取ったイシュアーは、会員情報をもとにカード有効期限のチェック、セキュリティコード（CVC、CVV）チェック、盗難・偽造カードチェック、与信限度枠チェックなどを行う。イシュアーはオーソリによるチェックをクリアしたカード取引に対して、取引を承認した旨を応答する。

　一方、アクワイアラーは加盟店との契約に関わる情報を管理しており、指定された支払方法が契約内容と異なっていないか、不正な加盟店ではないかなどをオーソリ時にチェックしている。

2）オーソリ電文と売上データ電文

　イシュアーがオーソリにより売上げを承認した後、アクワイアラーが加盟店から受け取った売上データを元に売上データの電文をイシュアーに伝送する取引フローが一般的である。このようにオーソリゼーションと売上決済の電文が分かれる方式をデュアルメッセージと呼んでいる。これに対し、ATMや一部のデビットカードなどではオーソリ電文と売上電

文を同時に伝送するシングルメッセージが採用されている。

3）オーソリ電文の種類

オーソリ電文は売上承認の電文だけでなく、図表61のように取引の実情に即した電文が設定されている。たとえば、事前承認（与信）電文はカード取引を行う際、決済金額が確定する前にあらかじめカードの有効性をチェックするためのオーソリ電文である。

なお、事前承認のオーソリには1円、1ドルなどの少額で行うものがある。「1円オーソリ」「1ドルオーソリ」などと呼ばれるこのようなオーソリは、「各国の最小通貨単位でカードの有効性を確認する」という国際ブランドのルール上認められている。

逆に、あらかじめ想定される決済金額の最大値で取得する事前承認のオーソリもあり、デポジット型オーソリと呼ばれることもある。

［図表61］代表的なオーソリ電文

ショッピング	事前承認（与信）	仮の利用金額でオーソリゼーションを行うことによってその後のカード決済を保証するための電文。ホテルやレンタカーの利用など、事前に利用金額が確定しないサービスに対してクレジットカードを利用する場合に発生する。事前承認。
	売上	確定した利用金額でのオーソリゼーションを行う。売上承認。
	取消・返品	操作ミスによる取消処理や商品の返品などにより発生する。対象となる取引を検索し、取消または返品の可否を判定する。
	障害取消	システム的な障害により発生する。元取引の引当てを行い、元取引が存在する場合は残高の戻し処理を行う。
キャッシング	残高照会	現時点で貸付可能な金額を算出する。ショッピングの利用状況も参照する場合がある。
	貸付	売上と同じ扱い。確定した利用金額でのオーソリゼーションを行う。返済が滞っている会員に対しては承認拒否電文を返す場合もある。
	障害取消	ショッピングの障害取消に同じ。

このようなオーソリは、おもにホテルやレンタカーなど提供する役務の金額が大きい反面、金額が役務提供後に確定する加盟店に見られる。ホテルの場合であれば、到着日のうちに宿泊日数中に考えられる一般的な費用について、与信を確認すると同時に与信枠を確保しておくためにオーソリを行う。このようなケースでは、チェックアウト時に改めて加盟店が売上げを確定させた金額でオーソリを取得するため、オーソリが二重に存在することになる。

4）オーソリ電文の伝送経路

オーソリ電文の伝送経路はアクワイアリング契約の形態によって異なる。加盟店・アクワイアラー間はアクワイアラー独自ネットワーク、あるいは各国の決済ネットワークを経由するのが一般的である。日本では原則として加盟店が直接国際ブランドのネットワークに接続することはない。

a）オンアス取引（イシュアーとアクワイアラーが同じ取引）

A社がイシュアーとなって発行したクレジットカードを、A社と契約している加盟店で利用すると、オーソリ電文はA社へ送信される 図表62 。A社では、自社で発行したクレジットカードの会員情報と自社が契約した加盟店の情報の双方を管理しているため、A社だけで処理が完結する。

b）イシュアーとアクワイアラーが異なる取引

イシュアーとアクワイアラーが異なる場合、情報処理センター、もしくは国際ブランドの決済ネットワークを介在させることで決済カードの利用が可能となる。

前項の例をベースに、B社がイシュアーとなって発行したクレジットカードをA社と契約している加盟店で利用すると仮定する 図表63 。このとき、オーソリ電文はA社を経由してB社へと送信される。アクワイアラーであるA社は、自社の情報をもとに加盟店を対象とした支払い条件チェックや不正加盟店チェックを行う一方、カードのBINからイシュアーをB社と特定、B社に電文を仕向けてカード会員に対するオーソリを委ねる。

2-7 決済実務の概要 125

[図表62] オンアス取引のオーソリ電文伝送経路

〈イシュアー兼アクワイアラー〉

A社 — 会員情報 / 加盟店情報

決済ネットワーク CAFIS/CARDNET…

オーソリ要求 / オーソリ回答

カード利用契約 / 加盟店契約

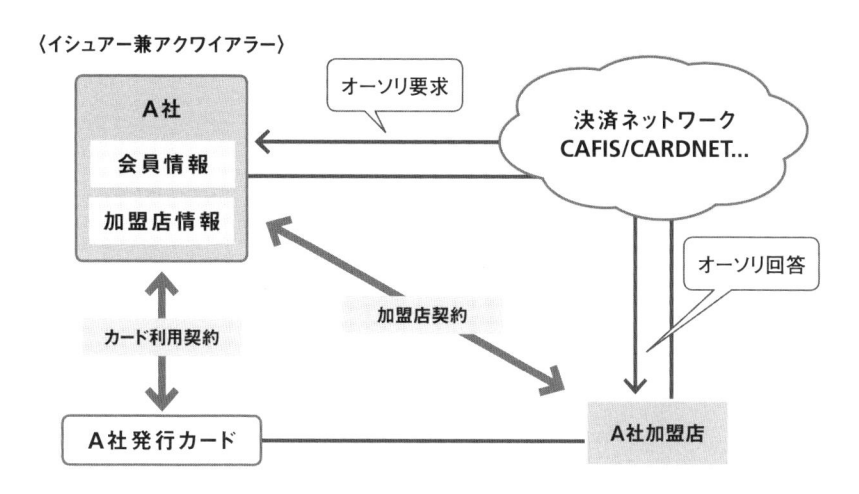

A社発行カード — A社加盟店

[図表63] イシュアーとアクワイアラーが異なる取引のオーソリ電文伝送経路

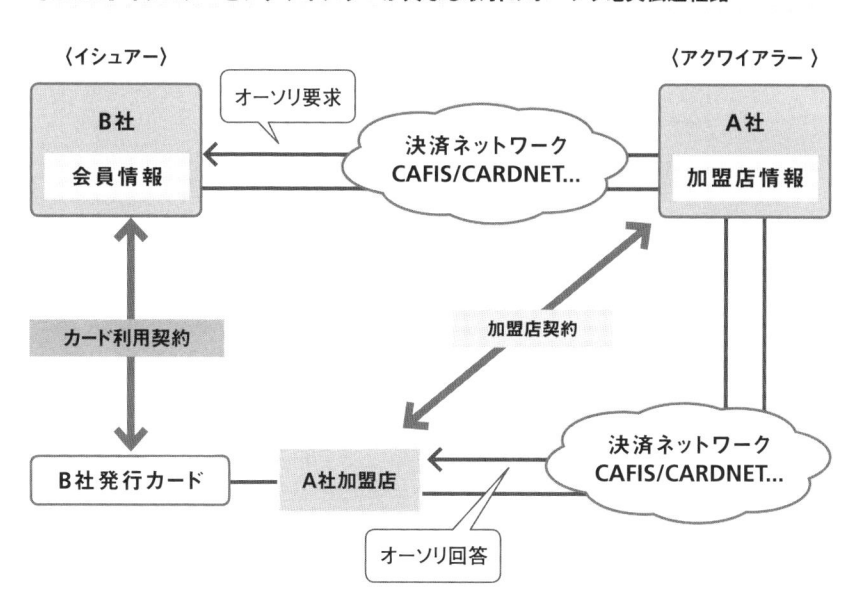

〈イシュアー〉 B社 — 会員情報

〈アクワイアラー〉 A社 — 加盟店情報

決済ネットワーク CAFIS/CARDNET…

オーソリ要求

カード利用契約 / 加盟店契約

B社発行カード — A社加盟店

決済ネットワーク CAFIS/CARDNET…

オーソリ回答

c）イシュアーダイレクト

　オーソリの経路にはアクワイアラーを経由しないイシュアーダイレクトと呼ばれるものもある。これは、オーソリ電文を加盟店から直接イシュアーに送信する例外的なルートである 図表64 。

　イシュアーダイレクトは、かつてはCAFISでも行われていたが、現在ではGPネットならびにVisaNET特有の機能となっている。

5）フロアリミット

　加盟店は、会員が1回につき一定の金額以上のカード利用を行う場合、不正使用を防止するためオーソリを行うことが義務づけられている。この金額をフロアリミットという。

　国際ブランドは地域・業種ごとにリスクを勘案、フロアリミットのルールを定めており、アクワイアラーは国際ブランドのルールに基づき加盟店と契約を交わしている。国際ブランドが定めた金額を上回る金額をフロアリミットに設定するなど、国際ブランドのルールに沿わないフロアリミッ

[図表64] **イシュアーダイレクトのオーソリ電文伝送経路**

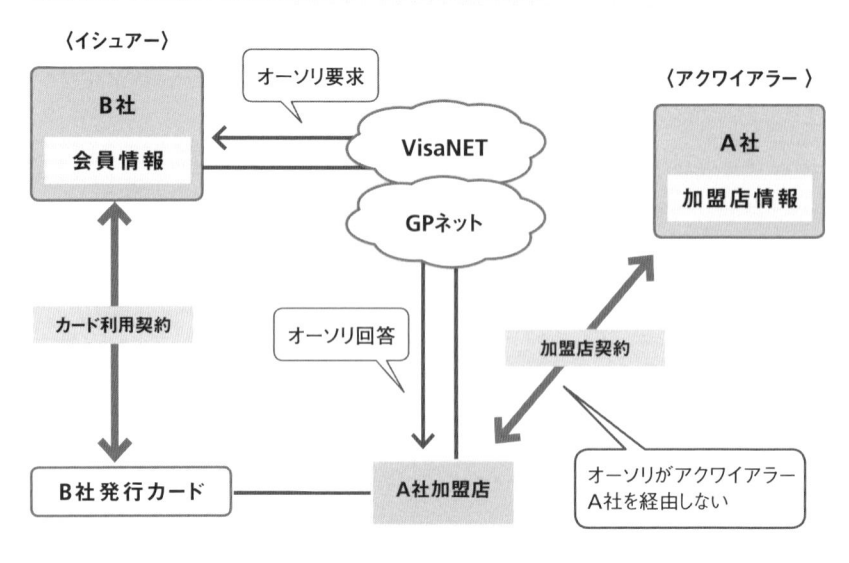

トはチャージバックの対象となる。日本では加盟店の強い要請を受け、アクワイアラーがリスクを負う形で国際ブランドのルールに沿わないフロアリミットが設定されているケースも散見される。

ただし、現在では決済端末の普及によりオンラインオーソリ環境が整備されてきたこともあり、利用金額に関係なくすべての取引に対してオーソリを行うゼロフロアリミット（いわゆる全件オーソリ）が主流となりつつある。

6）オフライン加盟店

高速道路の料金収受所など、カード決済時に一切のオーソリを取得しない加盟店が存在する。このような加盟店は「オフライン加盟店」と呼ばれ、カードの有効性や与信の確認を行わないため、不正カードの利用や回収リスクが発生するなど問題をはらんでいる。なお、CCTなどの決済端末を設置せずにインプリンターを用いて電話承認を行う加盟店のことを「オフライン加盟店」と呼ぶ場合もある。

その他、オーソリにかかる時間の短縮、通信費の節約などを目的にフロアリミットを設定し一定額未満の取引についてオーソリを省略する加盟店、閉店後など日次バッチでの売上処理中に後からオーソリ処理を行ういわゆる「メモリ送信」などを行う加盟店もある。このような加盟店は、レジの処理時間の短縮を図りたい流通・小売業などに散見される。

7）オーソリに起因するデビットカードのトラブル

国際ブランドのデビットカードは、クレジットカード向けに発展してきたインフラを活用しているため、支払いでトラブルが発生することがある。

a）「1円オーソリ」における二重引落し

デビットカードの場合、原則としてオーソリ取得額で金融機関口座から引落しを行うため、「1円オーソリ」のように商取引の金額と異なるオーソリ取得がなされると、商取引金額での正常な引落しをすることができない。

また、オンラインショッピングの一部では注文時と商品発送時など、オーソリ取得を2回行うことがあり、このような場合には二重に引落しを行

う可能性がある。

　もっとも、クレジットカードにおいても、オーソリを2回取得されると与信枠を必要以上に確保するなどの問題が生じるため、オーソリ電文には 図表61 のように事前承認と売上電文を別に設定することで運用上のトラブルを回避している。

　デビットカードのイシュアーにとっては、これらの2種類のオーソリ電文の運用がすべての加盟店で確実に遵守されていない点がネックとなる。たとえば、1回目のオーソリを無視するなどの体系的な運用ができない場合、加盟店によって未回収、または二重引落しのいずれかが発生するリスクを抱える。

b）オフライン加盟店

　オーソリ取得を行わないオフライン加盟店では、口座残高を確認せずに利用されるため、残高がゼロでもデビットカードが利用できることになり、代金の未収リスクが発生する。フロアリミットを設けている加盟店、あるいはメモリ送信を行う加盟店でも同様の問題が生じる。

c）オーソリ情報と売上情報の相違

　オーソリで承認を得た金額情報と後日イシュアーに伝送される売上データの情報とが一致しない加盟店も存在する。この場合、同一取引にもかかわらず、別取引であるように見えることから、二重引落しとなる可能性がある。オンラインショッピングなどで、注文後の一部商品の欠品や取消しなどの場合に発生しやすい。

　また、日本国内では商取引の中止などの際に、取消しと返金という2つのオペレーションを使い分けることがあるが、それは事実上加盟店側の運用によって決定されている。なかにはオーソリの承認だけを取得し、取引が取り消された後も加盟店が何も行わないため、口座残高の不整合が発生するケースもある。

d）課題解決への動き

　これらの課題を解決するためは、加盟店システムのインフラ整備とオペ

レーションルールの確立が必要となる。

　加盟店決済システムの整備によるオンラインオーソリの確実な実施、アクワイアラーによる加盟店へのオペレーション指導、加盟店へのゼロフロアリミットとチャージバックルールの徹底などがあげられるが、いずれも加盟店側の負担・不利になる施策だけに、加盟店側の反発も想定される。他方で、デビットカードの取扱拡大はアクワイアラーとしても成長の機会となるため、アクワイアラーは難しい舵取りを迫られよう。

2-7-2　クリアリング実務

1) 概要
　クリアリング（売上精算）は決済カードの利用により発生した加盟店に対する売上代金の立替えについて、加盟店とカード会社間、またはカード会社と国際ブランド間で清算を行うためのデータ処理を指す。

　決済カードによる売上げは、カード取扱加盟店において商品代金支払をカードで行うショッピングとカードで現金を受け取るキャッシング（デビットカードの場合は預金引出し）がある。

　ショッピング売上げには2種類あり、ひとつはイシュアーがアクワイアラーを兼ねている場合、つまりイシュアー自身が加盟店と契約を結んでいる場合の売上げで、これを加盟店売上げまたはオンアス売上げと呼ぶ。もう1つはイシュアーが加盟店と契約がない場合の売上げで、国際カード売上げまたはノットオンアス売上げなどの呼び方がある。

　キャッシングについても同様であり、カード会社・提携会社設置のCD・ATM融資、カード会社での窓口融資、電話・ウェブ申込融資などはオンアス売上げとされ、国際ブランドの決済ネットワークを経由した海外現金引出しは国際カード売上げとされる。

2) 売上データの伝送ルート
　売上データはオンライン伝送が一般的で、その他磁気テープなどの媒体や伝票の搬送などによるバッチ処理が行われている。

　アクワイアラーは売上データのやり取りを行う際には加盟店と直接に

[図表65] 国際ブランドの売上データ伝送システム

国際ブランド	取引態様	データ交換
ビザ	海外	VIC（VisaNet Interchange Center）をクリアリングセンターとするBASEⅡシステムにてデータ交換を行う
ビザ	国内	OCAP（OPeration Center Asia Pasific）をクリアリングセンターとするBASEⅡシステムにてデータ交換を行う
マスターカード	海外	MasterCard Worldwideをクリアリングセンターとする IPM（Integrated Product Message）システムにてデータ交換を行う
マスターカード	国内	日本マスターカード決済機構をクリアリングセンターとするMJ売上交換システムにてデータ交換を行う
JCB	海外・国内	JCBをクリアリングセンターとするJCB売上交換システムにてデータ交換を行う

[図表66] 売上データの伝送ルート

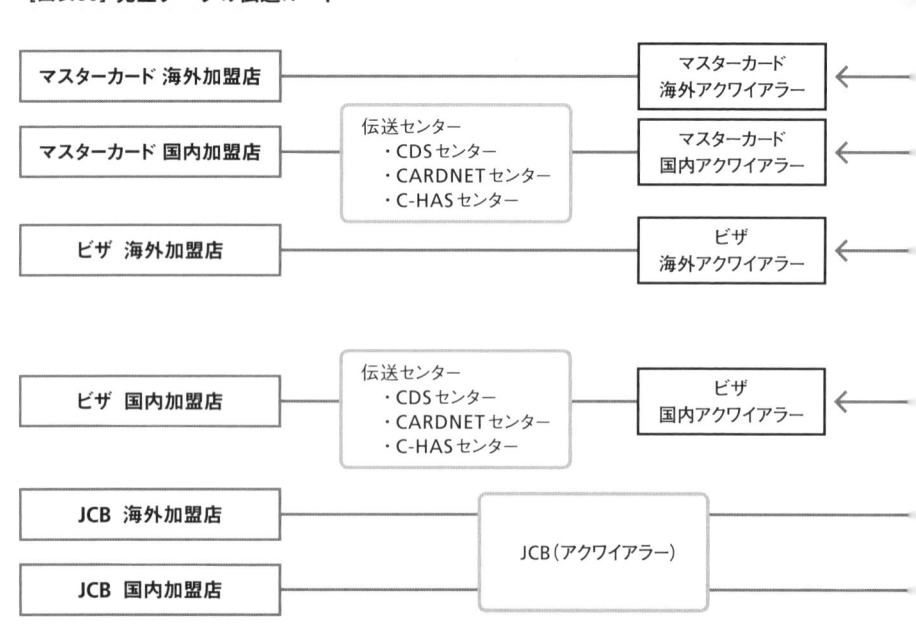

```
マスターカード 海外加盟店 ──────────────────────── マスターカード 海外アクワイアラー ←

                          伝送センター
マスターカード 国内加盟店 ── ・CDSセンター      ── マスターカード 国内アクワイアラー
                          ・CARDNETセンター
                          ・C-HASセンター

ビザ 海外加盟店 ──────────────────────── ビザ 海外アクワイアラー ←

                          伝送センター
ビザ 国内加盟店 ────────── ・CDSセンター      ── ビザ 国内アクワイアラー ←
                          ・CARDNETセンター
                          ・C-HASセンター

JCB 海外加盟店 ──────────┐
                          │── JCB（アクワイアラー）──
JCB 国内加盟店 ──────────┘
```

接続せず、情報処理センターが設けたデータ伝送センターと接続し、複数加盟店との売上データ伝送を実施している。国際カード売上げについてはアクワイアラーと国際ブランドのデータ伝送システムとの接続により売上データを交換する 図表65 。

また、複数のアクワイアラーと契約する加盟店（マルチアクワイアリング契約）は、売上票または売上データをアクワイアラーごとに取りまとめて伝送する必要があるが、情報処理センターはそれらを加盟店から一括して受け取り、アクワイアラーごとに仕分けて伝送するサービスを提供している。

日本のおもな売上データ伝送センターとしては下記があげられる。
・CDSセンター：NTTデータが運営するデータ伝送センター。
・CARDNETセンター：JCBを主体としたカード会社数社が出資し、設立したデータ伝送センター。データ伝送システム名は「JTRANS」。
・C-HASセンター：エスアイアイ・データサービス社が運営するデータ伝送センター。

国際ブランドのデータ伝送ルートは 図表66 の通りとなっている。

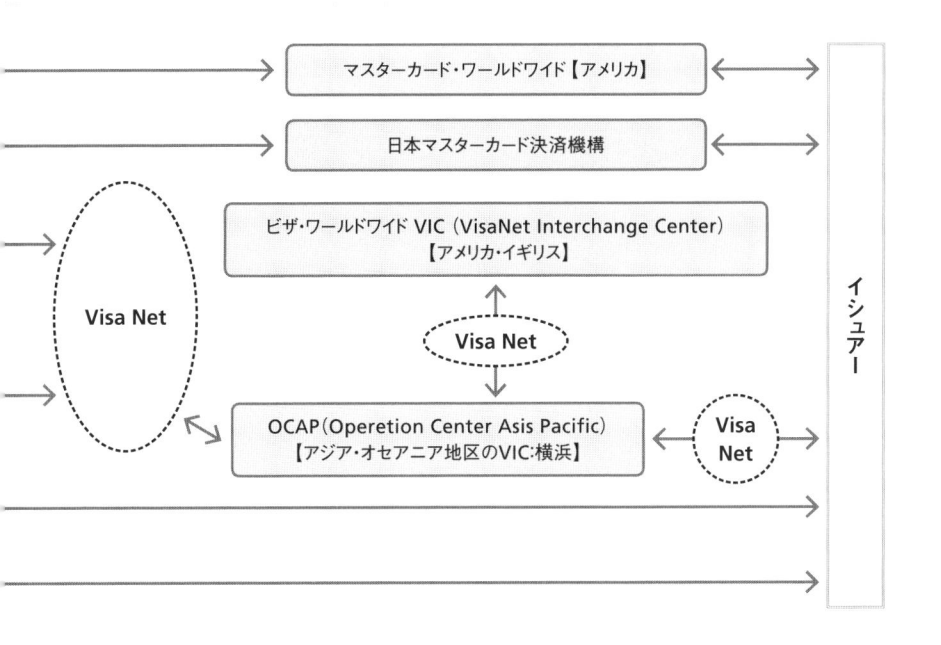

2-7-3　セツルメント実務

　各国際ブランドでは、各々が持つ国際決済ネットワークを通じて毎日など一定の頻度で世界中のメンバー相互の清算を行っている。その清算処理をセツルメントと呼ぶ。

　セツルメントは、国際ブランドがアクワイアラーとイシュアーの間に立ち、アクワイアラーの銀行口座に売上データ(決済金額)を振り込み、イシュアーの銀行口座から決済金額に手数料を加えた金額を引き落す、という基本的な処理の繰り返しである。イシュアーの銀行口座から清算金額が引き落とされ、同時にアクワイアラーの銀行口座に振り込まれるという流れである。ビザ、マスターカードの場合その決済通貨は米ドルで、所定の為替レートを用いて金額が確定される。

　メンバーの多くはアクワイアラーとイシュアーの両方を兼ねるため、実際にはイシュアーとしてアクワイアラーに対する支払清算分(マイナス)と、アクワイアラーとしてイシュアーから得る売上清算分(プラス)の相殺決済になる 図表67 。

　図表67 のとおり、各メンバーはその取扱金額の種別により次の2つのケースに分かれる。

　①アクワイアラー取扱金額　＞　イシュアー取扱金額
　②アクワイアラー取扱金額　＜　イシュアー取扱金額

　①の場合は相殺決済額がプラス(入金)となるが、②の場合には相殺決済額がマイナス(支払)となる。

　ビザ、マスターカードのセツルメント処理では支払金額が銀行口座から自動的に引き落されるので、銀行口座には常時一定の残高確保が必須である。そのために一時的に銀行から融資を受けるなどの資金調達が必要な場合も多い。逆に①に該当するケース、すなわちアクワイアラー取扱分が大きくプラス(入金)になるケースが多いメンバーについてはその必然性が少ないケースも多い。一般に、アクワイアリング業務は経費がかかりリスクも少なくないが、取扱金額が増えるほど日々潤沢なキャッシュフロー

[図表67] セツルメントの概念

<table>
<tr><td rowspan="2">加盟店売上げ
(アクワイアラー)</td><td colspan="6">会員利用額(イシュアー)</td></tr>
<tr><td></td><td>A社</td><td>B社</td><td>C社</td><td>D社</td><td>受取り計</td></tr>
<tr><td></td><td>A社</td><td></td><td>$15</td><td>$30</td><td>$35</td><td>$80</td></tr>
<tr><td></td><td>B社</td><td>$18</td><td></td><td>$20</td><td>$20</td><td>$58</td></tr>
<tr><td></td><td>C社</td><td>$55</td><td>$60</td><td></td><td>$15</td><td>$130</td></tr>
<tr><td></td><td>D社</td><td>$20</td><td>$10</td><td>$45</td><td></td><td>$75</td></tr>
<tr><td></td><td>支払計</td><td>$93</td><td>$85</td><td>$95</td><td>$70</td><td></td></tr>
</table>

	受取	支払	精算金額
A社	$80	−$93	−$13
B社	$58	−$85	−$27
C社	$130	−$95	$35
D社	$75	−$70	$5
合計	$343	−$343	$0

が得られるというメリットがある。他方イシュアーとしての取扱金額が大きくなると、最終的に収支の帳尻は合うものの日々のキャッシュフローに問題を来すケースもある。

近年、日本に限らず世界的にカード発行のみを手掛けるイシュアー偏重メンバーが増えているが、このセツルメント代金の調達に注意が必要である。なお、金融機関が発行するデビットカードでは原則として即時に会員から資金を移動できるため資金調達が容易である。

2-7-4　為替レート

1) 為替レートの決め方

アクワイアラーとイシュアーが国や通貨圏をまたいで清算を行う場合、国際ブランドは一定の基準で為替レートを定めている。

ショッピング、キャッシングなどの取引に適用される為替レートは国際

ブランドによって異なり、TTS（電信売相場）を基準とする場合と、TTM（仲値）に一定の事務手数料を加えたレートを基準とする場合がある。為替レートは刻々と変化するが、適用されるレートはブランドが指定する基準に応じて1日1回決定される。

　為替レートの基準がTTSである国際ブランドにおいては、加盟店への支払いに用いるレートをTTB（電信買相場）とすることで、スプレッド収益を得ている。また、イシュアーは顧客に対し、取扱高に対して一定率で課金するマークアップフィー（MUF）と呼ばれる為替精算手数料を課金し、収益としている［マークアップフィー→P.96］。

　為替レートは米ドルを基軸としており、米ドル以外の通貨同士の場合はいったん米ドルに換算する。たとえば、日本円とユーロの為替では日本円をその日の為替レートにて米ドル換算した後、米ドル対ユーロのレートにてユーロに換算される。

　なお、実際に適用されるレートの基準日は、「利用日」ではなく、アクワイアラーからブランドに売上確定情報を渡す日（CPD）となる。従って、加盟店からアクワイアラー、アクワイアラーから国際ブランドへと、データ処理に費やす期間によって基準日が異なり、カード利用者からみるといつの時点の為替レートが適用されたかわかりづらい。なお、海外ATM利用時は一般的にオーソリゼーション（オーソリ）と売上データの電文が一度に生成されるシングルメッセージ方式であるため、タイムラグが発生しない。

［図表68］通常の決済とDCC決済の適用通貨

	オーソリ	売上処理	イシュアー・アクワイアラー間のセツルメント
通常	現地通貨（注①）	現地通貨（注①）	米ドル
DCC	指定通貨（注②）	指定通貨（注②）	（主要国のアクワイアラーについては所属国通貨でセツルメント）

（注）①加盟店及びアクワイアラーの国における通貨、②イシュアーが指定した通貨（通常は発行国通貨）

2）DCC

　DCC（Dynamic Currency Conversion）とは、カード取引時に所定の為替レートで指定通貨に変換した金額で決済する方式を指す。加盟店からイシュアーへのオーソリおよびアクワイアラーへの売上処理は、変換後の通貨で行われる 図表68 。

　通常のカード取引ではオーソリおよび売上処理は現地通貨で行われるが、DCCを用いた取引では両者ともに変換された通貨で行われる。ただし、イシュアー―アクワイアラー間のセツルメントは国際ブランドの規定、契約に基づき米ドル、またはアクワイアラーの国の通貨（ビザのみ対応。ユーロ、日本円などの主要通貨に限定）で決済される。

　現在、DCCによる取引は海外の実店舗のみならず、インターネット通販の日本人向け海外サイトなどでもみられる。

2-7-5　サードパーティ・プロセッサー

　決済カードビジネスにおいては、オーソリ、売上処理、会員・加盟店管理、決済など多量かつ高速の情報・データ処理を伴う事務処理が不可欠である。このようなデータ処理が求められる業務はプロセシング業務と呼ばれている。

　データ処理は規模の経済が働くため、カード会社のプロセシング業務を受託し、大量のデータ処理をローコストで行うサードパーティ・プロセッサーと呼ばれるプロセシング専門業者が存在する 図表69 。

　プロセシング業務のアウトソーシングは海外で先行したが、日本でも導入する企業が増えてきた。導入が進む背景には、プロセシングシステムを自社で保有する際の永続的な新技術への対応、人件費など業務コスト負担が大きい点が挙げられる。もっとも、外部委託により業務が共通化され他社とのサービス差別化が難しい、業務における最新のノウハウを喪失する可能性がある――といった側面もあり、アメリカでは外部委託したプロセシング業務を再度内製化する動きもある。

[図表69] おもなサードパーティ・プロセッサー

First Data Corporation (FDC)	アメリカにおける2大サードパーティ・プロセッサー。2001年に合弁会社日本カードプロセシングを設立し、日本に進出
Total System Services Inc. (TSYS)	アメリカにおける2大サードパーティ・プロセッサー。2003年に日本法人TSYSジャパンを設立し、日本へ本格進出
キュービタス	プロセシング業務の受託会社として、2007年にクレディセゾン、みずほ銀行、ユーシーカードが合意し、ユーシーカード子会社として設立。2008年にクレディセゾンの連結子会社化
プロセント	プロセシング業務の受託会社として、2007年にオーエムシーカード(現・セディナ)、丸井グループの両社により設立
日本カードプロセシング (NICAP)	2001年にFDCとNTTデータ、DCカード(現・三菱UFJニコス)、ダイヤモンドコンピュータサービス(現・三菱総研DCS)が共同で設立

Column ハウスカード加盟店にみるグレーな加盟店契約形態

　アクセプタンスの大前提は、「国際ブランドマークの表示がある加盟店は、それらの国際ブランドのカードによる支払いを支障なく受け入れることを約束している」という意味であるが、日本国内ではこの原則が守られない事例が見受けられる。

　一部のカード会社などが契約した加盟店には、「加盟店契約先カード会社と加盟店との提携ハウスカード（いわゆる「ダブルカード」）もしくは当該カード会社が発行するカードでの支払いは認めるものの、それ以外のカード会社が発行する国際クレジットカードは一切受け入れない」という加盟店契約形態が存在する。

　その店舗でしか使えない純然たるハウスカードの場合はなんの問題もないが、最近はこのようなダブルカードにもビザ、マスターカードなどの加盟店でも利用できるように国際ブランドマークを付したものも多くなっている。加盟店ではそれらの提携カードの券面を「当店で利用可能なカード」などと表示する場合が多く、当然その券面には国際ブランドロゴが表示されている。利用客はそれをみてアクセプタンスマークと誤解し、「国際ブランドのマークがついているカードならなんでも使える」と錯誤してしまう。そのような事例の多くは「加盟店契約は提携ハウスカードのものであって国際ブランドの契約ではない」という理屈のうえで行われているようだ。

　このような契約形態をとる加盟店には相対的に低い加盟店手数料が設定されているため、他イシュアーが発行した国際ブランドカードを受け入れた場合イシュアーフィーを払うと逆ザヤになってしまうなど、アクワイアラーにはそれなりの事情があるようだ。

　国際ブランドは本来このようなアクセプタンス違反の疑いの濃厚な契約については厳しい見解を示している。しかしながら、国際ブランドルールの適用はメンバー会社であるイシュアー、アクワイアラーにゆだねられており、制度的に取り締まることは難しいのが実情だ。

第 3 章

金融決済用
ICカード

3-1　ICカードの概要

3-2　EMVとセキュリティ

3-3　少額決済スキーム

第3章

金融決済用ICカード

3-1 ICカードの概要

3-1-1 ICカードの種類・規格

1）ICカードとは

　ICカードとは、トランジスタなどの素子を集めた集積回路（Integrated Circuit）のチップが組み込まれたカードの総称である。一般に金融機関やカード会社ではキャッシュカード、決済カードと同じ形状・サイズのカードを指す。ICチップは1部品化されたICのことで、1センチ四方程度以下の小さな部品を示すと考えればよい。

2）ICカードの種類

　金融サービスや交通乗車券などでは接触型や非接触型のICカードが用いられている。

a）接触型

　　プラスチックカードの表面にICチップが露出したICカード 図表70 は接触型ICカードと呼ばれている。カード表面に露出した部分はICが動作するための端子で、リーダーライターに差し込んだ際に内部の接点と接触してデータのやりとりを行う。

　　接触型ICカードは決済カードで多く利用されるほか、端子の周りを小

さくくり抜いた形状のものが携帯電話に組み込まれて利用されている。これは携帯電話専用のICカードで、SIM（Subscriber Identity Module）カードやUIM（User Identity Module）カードなどと呼ばれている。国際ブランドによる携帯電話を用いたカード決済の実験では、SIMにカード決済アプリケーションを格納することを推奨する通信キャリアが多い。

b）非接触型
ア）仕組み

　非接触型ICカードは、接触型にある端子の代わりに無線のアンテナを介してチップを動作させている 図表71 。ICカードをリーダーライターに

[図表70] **接触型ICカードとSIMカード**

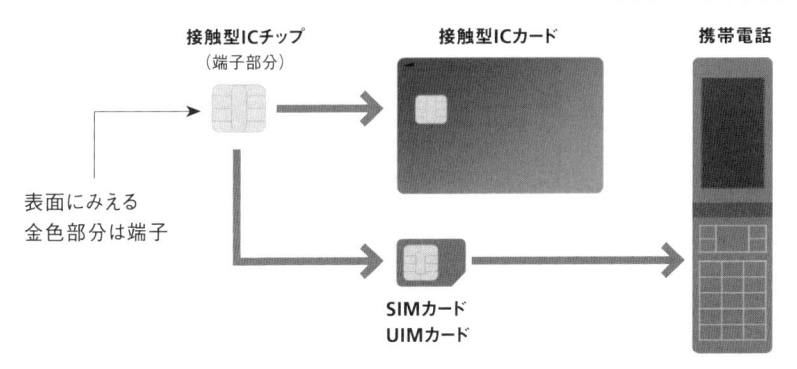

[図表71] **非接触型ICカード**

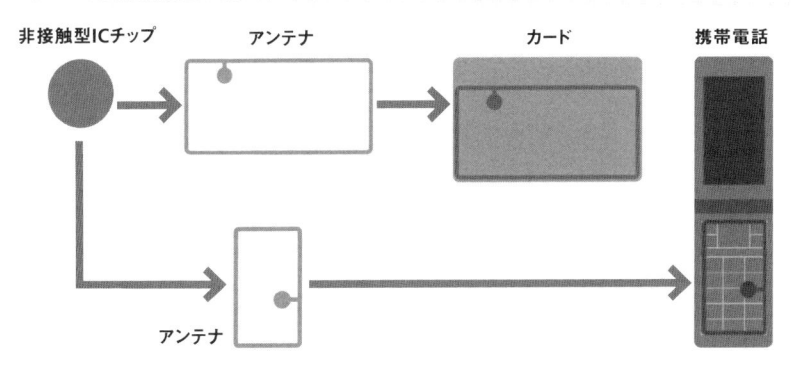

近づけると、電磁誘導結合とよばれる方式でリーダーライターが発生させた電磁波にアンテナが反応し、自動的にICが動作する仕組みになっている。

イ）国際標準規格とFeliCa

　非接触型のICカード（チップ）の規格は数種類あるが、世界的には国際標準規格であるISO/IEC 14443 TypeA（タイプA）、同TypeB（タイプB）が一般的である。非接触ICを用いた国際ブランドの決済サービスでもタイプA/Bを用いることと定められている。

　一方、日本では交通乗車券向けにソニーが開発したFeliCa（フェリカ）が幅広く用いられている。最近は、方式が異なる複数の非接触型ICに対応する新技術、NFC（Near Field Communication）も開発されている。非接触型ICカード（チップ）の種類（規格）を 図表72 にまとめた。

[図表72] 非接触型ICカードの種類（規格）

	タイプA	タイプB	フェリカ
実用地域・事例	交通乗車券、IDカードなど（世界各地）	住基カード、免許証（日本）、交通乗車券（フランス）	交通乗車券（日本、シンガポール、香港）、電子マネー（日本）
おもなメーカー	フィリップス	モトローラ	ソニー
特長	・国際標準で世界的に採用されている ・高度な認証方式や複雑な処理が可能 ・国際クレジットブランドが採用（PayWave、PayPass、ExpressPay、J/Speedy）		・極めて高速な処理に適する ・JR東日本などの日本の鉄道事業者が採用 ・日本では携帯電話にも搭載
欠点	・サイバネ規格を満たさないため日本の交通乗車券には使用できない		・EMV互換のクレジット機能は実現できない ・高度な認証機能がない
適合領域	・IDカード、免許証などの公共サービス ・国際ブランドのクレジット ・交通乗車券（海外）		・交通乗車券 ・少額に限定した電子マネー ・社員証、入退館管理などのIDカード

3-2 EMVとセキュリティ

3-2-1 EMV

1）概要

　EMVは、ユーロペイ（Europay）、マスターカード（MasterCard）、ビザ（Visa）の3国際ブランドの頭文字を取った決済用ICカードの仕様名で、仕様自体は現在ビザ、マスターカードにより設立されたEMV Co.によって管理されている。ユーロペイはかつて欧州におけるマスターカードブランドの管理組織だったので、実質的にビザとマスターカードの2大ブランドによって開発されたといえる。

2）EMV導入の経緯

　ビザやマスターカードは、世界各地で深刻化してきた磁気カードによる不正手口を分析し、ICカード化によって不正被害を防ごうと試みた。

　最初にICカード化を試みた国はフランスである。1990年代前半に広まったスキミングなどの不正被害を防止する目的で、すべての決済カードをICカード化した。結果、スキミングによる不正被害は大幅に減少し、ICカード化は不正に対する大きな効果をもたらすことが証明された。なお、当時のICカードはEMVと異なる独自仕様を採用していた。

　フランスでのICカード化は国内に閉じた展開であったのに対し、イギリスでのICカード化は、仕様の汎用性を高めることで、世界規模での展開に耐えうるものとすべく検討された。EMVの原形にあたるUKIS（United Kingdom IC Specification）仕様を策定、それに対応したカードと決済端末を導入したのが最初である。その後、1996年になって商用に耐えうる標準仕様EMVがリリースされた。イギリスでは2001年に全国的規模でEMVへの対応を開始し、2005年ごろにはカード、決済端末、ATMのほぼすべてをEMV化するに至った。

　日本では、渋谷・神戸・大宮などの各種実証実験においてEMVが実運用に耐えうるかどうかを検証した後、2001〜03年ごろに代表的なカード

会社が商用レベルでEMV化を開始した。

3-2-2 EMV仕様

EMV仕様は 図表73 に示したように、国際標準規格であるISO 7816にかぶさるようにセットで規定されている。さらにビザ、マスターカードなどの国際ブランドはEMV仕様に準拠した仕様をブランドごとに策定しており、その関係も 図表73 のとおりである。2008年以降は 図表73 の上位側に位置する各ブランドの仕様を統一し、発行時（パーソナライズ）の設定により各ブランド決済に対応することも可能になった（CPA）。

EMV仕様は、カード、決済端末、ネットワークの3つの要素に分けて標準化されており、それに加えて非接触に関する差分仕様も追加されている。

[図表73] EMV仕様の位置付け

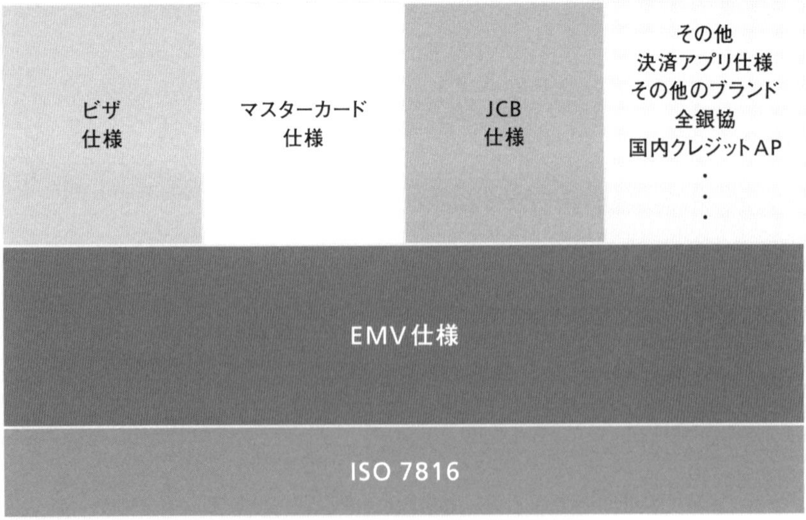

| ビザ仕様 | マスターカード仕様 | JCB仕様 | その他
決済アプリ仕様
その他のブランド
全銀協
国内クレジットAP
・
・
・ |

| EMV仕様 |

| ISO 7816 |

EMV仕様はISO7816とセットになっている

3-2-3 EMVのセキュリティ機能

　高いセキュリティ基準を要求するEMV仕様において、ICカードはEALレベル4と呼ばれる高い国際セキュリティ基準を満たすことが条件とされるほか、認定機関による厳しいチェックを受けて合格しなければならない。決済端末も耐タンパ性（不正を目的に端末を分解するとなかの回路が破壊される仕組み）などが実装されており、不正使用を防いでいる。

　磁気カードのオーソリゼーション（オーソリ）は、決済端末→イシュアーホストの片方向のみだが、EMVのオーソリではイシュアーホストがICカードを認証し、イシュアーホストからの応答電文の中身をICカードが認証するという、双方向の認証を行っている 図表74 。

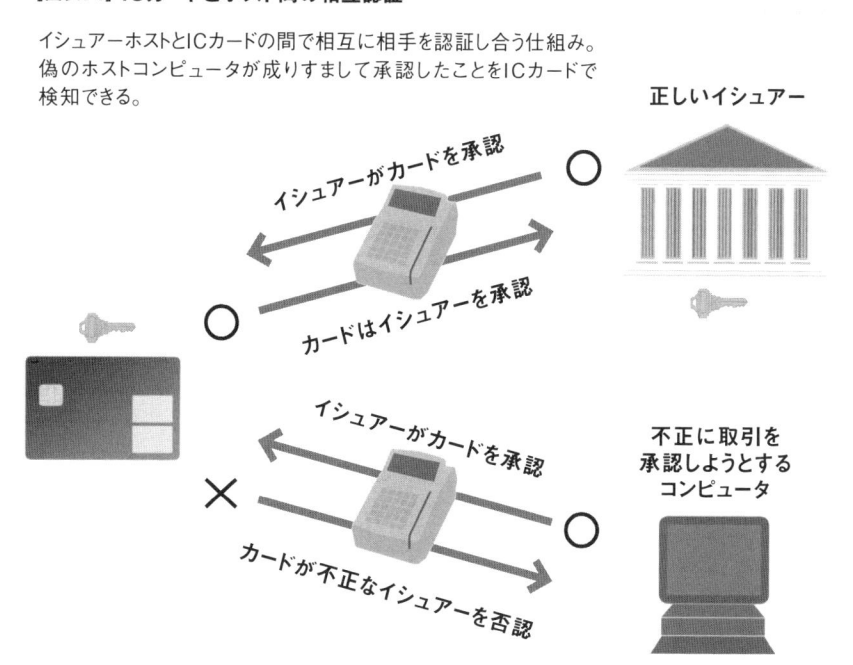

　EMV仕様の特長をまとめると、 図表75 のように表せる。

　オーソリが困難な環境（航空機内や通信手段がない地域での決済端末な

[図表74] ICカードとホスト間の相互認証

イシュアーホストとICカードの間で相互に相手を認証し合う仕組み。
偽のホストコンピュータが成りすまして承認したことをICカードで
検知できる。

[図表75] **EMV仕様の特徴**

- ■ **高度なセキュリティ機能**
  - ・ICカード化によりスキミングが困難
  - ・イシュアーとICカード間での相互認証
  - ・安全なオフライン決済
- ■ **相互運用性を維持する仕組み**
  - ・厳格な認定スキーム

ど）では、磁気カードでは取引の可否の判断を決済端末に記録されたネガデータに頼るしかない。しかし、EMVではICチップに設定されたリスクパラメーターにより、一定金額や取引の状況などに応じてオフライン決済をICカードのなかで承認することができる。

リスクパラメーターはフロアリミットのような単純なデータではなく、オフライン決済の連続回数なども加味して総合的に判断される。

3-2-4 SDAとDDA

SDA及びDDAは、EMV仕様で規定される重要なセキュリティ機能の一つで、オフライン取引におけるICカードのデータ改竄のチェック、および取引の複製による悪用を未然に防ぐことができる。

SDAはStatic Data Authenticationの略で、静的データ認証と訳される。ICカード発行時に、変更されてはならないいくつかのデータを暗号化してICカードに格納しておき、決済取引の都度そのデータが改竄されていないかチェックする仕組みである。データの改竄が認められると取引を停止させることができる。

DDA（Dynamic Data Authentication、動的データ認証）は、SDAに加え決済取引ごとに決済端末が発行する乱数を加えて認証する方式で、これにより、ICカードと決済端末の間で交換されるデータを盗聴し、それを

[図表76] **不正を判定する手段**

	磁気カード	ICカード（EMV）
偽造・変造された カード	判定不能	データ認証機能で判定 （SDA、DDA）
盗難カードの 利用	加盟店による本人確認 （氏名、署名確認）に依存	PIN（Personal Identification Number）による認証（本人確認）により、署名確認の不確実性を解消
偽端末	判定不能	オンライン相互認証方式に よって判定

そっくり再現して虚偽の取引を成立させるという高度な悪用を検知することができる。DDAに対応するためには、ICチップにプロセッサーと呼ばれる計算機能が必要である。

SDA、DDAを含め、EMV仕様における不正を判定する手段を、磁気カードとの対比をふまえ、図表76にまとめた。

3-2-5 EMV化の課題

現在、国際ブランドに準拠した決済カードのイシュアーは、基本的にすべてEMVに対応しなければならない。このため、国際ブランドや金融機関・カード会社には、①インターオペラビリティ（相互運用性）の維持、②追加要件の発生に伴い投資が必要——といった課題を解決する必要がある。

1）相互運用性の維持

EMVでは、ICチップと決済端末の間で複雑なデータ交換を行う仕組みとなっている。そのため端末機器メーカーやカードの発券業務を行う印刷会社の間で、仕様の細かな部分の解釈に差違が出るなどにより、結果的に特定のカードが特定の決済端末で利用できないといった問題が発生する可能性がある。

そこで、EMV Co.や国際ブランドではすべての決済端末とカードが、あ

らゆる組み合わせで利用されても確実に取引が行われるよう、厳密な検査を実施している。しかし、全種類の決済端末を用いて1つのカードを検査するようなことは事実上不可能なため、実際には厳格な基準を設け、製造メーカーがその基準に従っているかどうかを厳密に検査する方法をとっている。

それでも、EMV導入当初には仕様の細かな解釈の違いなどから、認定済みの一部の決済端末で特定のカードが使えないなど相互運用性の問題が発生することがあった。しかし、時間の経過とともに認定基準に対する理解も高まり、円滑に運用されるようになってきており、現在ではそのような問題は少なくなってきている。

2）追加要件の発生

磁気カードの処理を前提とした従来のシステムでは、EMV化に伴い次のような追加要件が発生するため、あらたな投資が必要となる。

①発行系

磁気カードと異なり、発行時に必要なパラメーターが100程度ある。会員の信用レベルや券種などによって適切なパラメーターを決定しなければならない。

②オーソリ

EMV取引では暗号化されたデータを含むICデータなどが電文に付加されている。オーソリではその付加された電文を適切に処理しなければならず、システム側の対応が必要となる。

③売上データ

オーソリと同様に売上データにもIC化により付加されたデータが含まれる。オフライン取引（非承認も含む）については売上データに含まれるTC（Transaction certificate）とよばれるICデータを検証しなければならない。

上記3点のシステム対応に加え、ICカードの発券、IC対応決済端末なども磁気カードに比べて費用がかさむ。しかし、現在では新たに設置する決済端末は国際ブランドによりすべてEMV対応が義務づけられているの

で、コスト高を理由に磁気専用の決済端末を設置することは許されない。
　一方、カードは2009年12月現在でEMVへの対応が義務づけられているわけではないので、発券コストを下げる目的で磁気カードを発行し続ける企業も多い。しかし、今後も磁気カードを発行し続けることは、セキュリティに対する姿勢を問われることにもなるので、早期のEMV対応が求められよう。

3-2-6 EMV化を支える施策

　EMVへの対応は大きな設備投資やコストアップを伴うばかりでなく、ICカードや決済端末を製造するメーカーにも影響を及ぼす。そのため国際ブランドがさまざまな支援策を打ち出しているほか、イシュアーやアクワイアラーの早期対応を促す施策も実施している。IC化を促進するための施策の例としては、①認定制度、②ライアビリティシフト、③SEPA（欧州）、④ChiP&PIN（英国）などがあげられる。

3-3 少額決済スキーム

　本書において「少額決済スキーム」とは、おもに非接触ICカードを用いた小口決済スキームで、カード会社、交通・流通業などが発行・加盟店開拓を行うサービスを総称したものをいう。日本で展開されているおもな少額決済スキームは 図表77 のとおりである。

3-3-1 日本独自のローカルサービス

　日本における少額決済スキームは、多様な事業者がサービスを展開しているが、その分類を考える際には、利用範囲と決済方法の2つの側面から整理するとわかりやすい 図表78 。

　国内に限定されるが、可能な限り多くの場所で利用できるサービスを目指すEdyやQUICPayなどのサービスは、「どこでも利用できる」ことが目的である。そのようなサービスを本書ではオープンモデルと呼ぶ。

　それに対し、Suica、nanaco、WAONのように鉄道や流通業などの特定の利用者の利便性を図るか、あるいは利用者（顧客）囲い込みを目的とするサービスをクローズドモデルと呼んで区別する。

　もっとも、クローズドモデルの展開が進み、実質的にオープンモデルのそれに匹敵する加盟店を持つようになったSuicaなどの事例もあり、一概に区別しにくいケースもある。

1）オープンモデルの特長

　加盟店網を広げることが利用者の利便性向上、ひいては取扱量の積上げに結びつくビジネスモデルだが、加盟店が増えるまで時間を要する場合が多く、サービスの普及には時間とコストがかかる。

　導入にあたっては、多くの利用が見込まれる加盟店に集中的に決済端末を設置し、徐々に加盟店を広げていくなどの戦略が求められる。

　現在日本で導入が進む少額決済スキームは、決済端末価格が高い、複数のサービスの乱立により相互利用が難しい、などの理由から加盟店数が伸

[図表77] 日本のおもな少額決済スキーム（2011年7月末）

スキーム			主要事業者	サービス開始時期	発行枚数（枚）会員数（会員）	加盟店（店）利用可能個所（カ所）端末数（台）
プリペイド	専業	Edy	ビットワレット	01年11月	約6,570万枚	約27万2,000カ所
	交通系	Suica	東日本旅客鉄道	04年3月	約3,429万枚	約15万3,470店舗
		PASMO	PASMO協議会加盟各社局	07年3月	約1,830万枚	約11万2,000カ所
		ICOCA	西日本旅客鉄道	05年10月	約633万枚	約13万760店舗
		Kitaca	北海道旅客鉄道	09年3月	約33万2,000枚	4,902カ所
		nimoca	西日本鉄道	08年5月	約144万枚	2,242カ所
		SUGOCA	九州旅客鉄道	09年3月	約58万枚	約1万800カ所
		TOICA	東海旅客鉄道	10年3月	約117万枚	約5,510カ所
	流通系	nanaco	セブン&アイ・ホールディングス	07年4月	約1,501万件	8万6,000店
		WAON	イオン、イオンクレジットサービス	07年4月	約2,060万枚	約11万5,000カ所
ポストペイ	カード会社	QUICPay	ジェーシービー、トヨタファイナンス	05年4月	約466万人	約26.5万台
		VisaTouch/SmartPlus	三菱UFJニコス	05年8月	約101万人	約8.4万台
		iD	NTTドコモ、三井住友カード	05年12月	約1,611万枚	約51.9万台
	交通	PiTaPa	スルッとKANSAI協議会加盟各社局	04年10月	約201万人	約2万3,000店
		PayPass	マスターカード・ワールドワイド	02年12月	約9,200万枚	約31万1,000店

（注）QUICPay、VisaTouch/SmartPlus、iDは11年6月末の実績。PayPassは11年3月末の実績（世界）。PiTaPa加盟店数は11年3月末の実績

（資料）『月刊消費者信用』2011年9月号（金融財政事情研究会）

[図表78] 日本の少額決済スキームの分類

《利用範囲でみた分類》

オープンモデル	Edy、QUICPay、iD、VisaTouchなど
クローズドモデル	Suica、nanaco、WAON、PiTaPaなど

《決済方法でみた分類》

前払い	Edy、Suica、nanaco、WAONなど
後払い	QUICPay、iD、VisaTouch、PiTaPaなど

び悩み、結果的に利用が進まない傾向にある。今後、後述する国際ブランドが提供するスキームの採用による導入コスト低減や活性化の検討を図る動きもあり、動向が注目される。

2）クローズドモデルの特長

　特定の店舗、事業者に加盟店を限定することで、顧客囲込みや、利用者の便宜を図ることをおもな目的としたサービスである。

　本来、これらのサービスは特定の流通・小売業、鉄道施設での利用を前提としたサービスではあるが、最近はその利用範囲を緩やかに広げる傾向にある。また、その結果複数の少額決済スキームに対応するコンビニエンスストアや商業施設などが増える傾向にある。

　クローズドモデルでは、特定加盟店における顧客囲込み効果が期待されるが、加盟店網の拡大により顧客が流出する可能性をはらんでいる。

　そのため、たとえば発行元企業がポイントや特典を付与することにより、他店での利用が発行元企業の店舗への再来店や販売促進につながるような工夫が必要である。

　クローズドモデルは、流通・小売業、鉄道など本業を補完するサービスであるため、サービスの普及にかけるコストを本業で吸収できるメリットがある。また、発行元が運営する店舗・施設に集中して決済端末を展開す

ることで、利用者に利便性と付加価値を提供できるため、先のオープンモデルに比べ費用対効果が図りやすいのも利点といえる。

3-3-2 おサイフケータイ

1）概要

　おサイフケータイは、非接触型ICチップ「FeliCa（フェリカ）」を内蔵した携帯電話の名称・サービスを指す。フェリカを用いた交通乗車券や各種少額決済スキームのアプリケーションを携帯電話にダウンロードすることで、カードの代わりに携帯電話を読み取り機にかざして支払いなどに利用できる。

　携帯電話は画面表示や通信機能があるため、利用履歴や残高を確認したり、インターネットにアクセスしてクレジットカードを用いて前払式の少額決済スキームにチャージしたりできる。また、プラスチックのカードと異なり、1台の携帯電話に複数のサービスを設定できるため、カードを複数枚持ち歩く必要がないという利点もある。

2）仕組み

　図表79 の通り、おサイフケータイでの決済サービスは、大きく3つの要

[図表79]おサイフケータイを構成するアプリケーション

携帯電話本体内のアプリ領域 ──── ①管理アプリケーション
　　　　　　　　　　　　　　　　　―バリュー照会、利用履歴照会、カード管理など

携帯電話に組み込まれたチップ ┌── ②決済アプリケーション
またはUIMカードなど　　　　│　　―決済端末（リーダーライター）との通信、決済処理など
　　　　　　　　　　　　　　│
　　　　　　　　　　　　　　└── ③パーソナライズデータ（カード）
　　　　　　　　　　　　　　　　　―カード番号、ID、リスクパラメータなど

素（コンポーネント）で構成されるのが一般的である。
① 管理アプリケーション
　　サービス機能：チャージ金額の残高確認、バリューチャージ、履歴照会など。
　　管理機能：③のパーソナライズデータ登録などの初期設定など。
② 決済アプリケーション
　　③のパーソナライズデータを格納するひな形。機能的には決済端末（リーダーライター）との通信、認証などをサポート。
③ パーソナライズデータ（カードデータ）
　　カード番号、サービス固有のIDなど、決済サービスを利用可能に活性化するための情報。
　　携帯電話にダウンロードするためのアプリケーションと、それを活性化するパーソナライズ情報を用意する。

3-3-3 国際標準サービス

　日本では少額決済サービスが普及しているが、いずれも国際規格とは異なる日本独自のものであるため、諸外国の少額決済サービスと互換性のあるサービスではない。

　クレジットカード、デビットカードは汎用的な決済サービスで、その利用場所や金額の範囲を問わないことが特徴である。しかし、そのために本人確認（署名、PIN）は必須で、それが特にコンビニ、カフェなど少額取引が多くかつ繁忙な加盟店では敬遠され、結局、現金決済に流れる傾向は万国共通の悩みである。日本はそのソリューションとして先に解説済みの各種ローカルサービスが普及するが、世界に目を向ければ地域独自のサービスがここまで普及した例は少ない。

　ビザ、マスターカードなどの国際ブランドでは、この世界共通化を実現させるためのソリューションとして、本人確認の省略を原則とする非接触ICカードを用いた少額決済サービスを用意した。ビザのPayWave、マスターカードのPayPassなどがそれにあたり、現在、限定的ではあるものの世界各地での導入が進む。

PayWave、PayPassの仕様はほぼ同一に近いもので、そのため以後の解説は「国際ブランド非接触決済サービス」と一括りにして行う。

　国際ブランド非接触決済サービスには、①磁気情報方式、②準EMV方式の2種類がある。いずれもICカード方式は国際標準のISO 14443／Type A、Type B方式の利用に限定され、FeliCa、Type A上のMifare認証を用いることは認められていない。なお、ICカード調達にあたり、商品名がMifareとされるものも、Mifareの認証機能に加えて標準のType A方式の利用が可能なものであればよい。

　①磁気情報方式は、従来磁気カードで用いられる磁気情報（日本ではJIS-Ⅱ、カード番号、有効期限など）をほぼそのまま非接触ICカードに格納したもので、決済端末ではカード情報を磁気リーダーで読み取る代わりに非接触ICリーダーから読み取る。オーソリゼーション、売上精算のための電文は磁気取引のものが用いられる。

　これに対し②準EMV方式は接触型ICを前提に設計されたEMVを非接触ICカード向けに仕立て直したものである。接触型を用いるEMV仕様から、そのインターフェースを非接触方式に変更し、本人確認を省略し

[図表80] EMV仕様の接触・非接触相違点

仕様	EMV	準EMV（非接触）
本人確認	署名、PIN（省略可）	原則省略（署名利用可）
取引	オフライン／オンライン	原則オフライン（オンライン可）
オフラインデータ認証	SDA、DDA	
暗号化電文	ARPC（応答）／ARQC	ARPCのみ
パラメーターのリセット	可	不可
取引証明（TC）	対応	
その他	準EMVは非接触型に加え接触型EMVとの共存（ハイブリッド）が必須と規定されている	

た作りとなっている。 図表80 に接触型EMVとの違いを示す。

　接触型EMVの取引ではカードをリーダーライターに差し込み固定したうえで処理される。そのためオンラインオーソリゼーションのイシュアーからの応答を受けるまでICカードをリーダーに固定することができる。EMV取引は特に必要のない限りオフラインで完結する。

　ただし、オフライン処理ばかりを繰り返すとリスクが高まるため、ICカード内にオフライン取引の累計金額やその回数などのパラメーターを記録しており、一定の閾値を超える場合にはオンラインオーソリゼーションを実施した上でそれらをリセット（ゼロクリア）する仕組みとしている。

　しかし、こうした処理は、決済の処理スピードが求められるためにオフライン取引を前提とする非接触型EMVでは実施不可能である。そのため、非接触型EMVの取引では、接触型EMVとほぼ同様に、オフライン取引の累計金額、回数などのパラメーターを取引ごとに加算し、一定値を超えると非接触による取引が利用できないようにしている。

　一旦利用できなくなっても、同じカードに搭載される接触型ICで取引（通常の接触型EMV決済）を行えばパラメーターがリセットされるので、それ以降はまた非接触によるオフライン取引が継続できるようになる。非接触型EMVカードが接触型EMVとの一体型（ハイブリッド）でなければならないのはそのためである。

　また、この機能のために国際ブランドは非接触のみに対応し接触型のリーダーライターを持たない決済端末の展開を禁止している。

3-3-4　GSMAによる標準化活動（Pay-buy-mobile, Money Transfer）

　GSMA（GSM Association）はGSM方式と呼ばれるモバイル通信方式を採用する通信キャリアによる国際団体で、そこで近年モバイルコマースに関する標準化へ向けた議論が活発化している。

　［3-3-3国際標準サービス］の項で解説した国際標準の少額決済スキームはカードを前提としたものではあるが、日本における「おサイフケータイ」と同様海外でも非接触型ICチップを搭載する携帯電話が実現し、商用化

が進みつつある。海外で用いられる方式は日本のおサイフケータイで用いられるFeliCaではなく標準のType A、Type Bを主にサポートするNFC（Near Field Communication）と呼ばれる技術が用いられる（本書では説明の便宜上、このような携帯電話を「NFCモバイル」と呼ぶこととする）。

　GSMAがモバイルコマースの標準化対象として注目しているのは、このNFC技術を用いたNFCモバイルである。またNFCモバイルを用いた決済サービスを検討するPay-buy-mobileと呼ばれる検討グループがGMSA内に設けられている。

　NFCモバイルには、PayWave、PayPassのアプリケーションをダウンロードするなどして格納し、決済端末にかざして利用することが可能である。その利用形態は日本のおサイフケータイと等しいが、利用可能な決済サービスがFeliCaによる電子マネーや交通乗車券などではなく、PayWave、PayPassなどの国際標準サービスである点が異なる。なおNFCモバイルは決済サービスの他にもTypeA、B方式の交通乗車券などにも対応する。

　NFCモバイルにPayWave、PayPassが搭載される場合、従来それらが本人確認を省略する少額決済限定のサービスであるため、ケータイでの利用も少額利用に限定されてしまう。カードの場合は［3-3-3国際標準サービス］にも述べたとおりオフライン決済を一定回数（金額）以上利用すると非接触決済は利用不可となり、接触型EMVでのオンライン決済を実施してパラメーターをリセットする必要がある。ところがNFCモバイルでは接触型EMVによるパラメーターのリセットができない。

　そこで、NFCモバイルの場合は、PayWave、PayPassによるオフライン決済の累積が一定以上の閾値を超えた場合、携帯電話が持つ通信機能を使ってパラメーターをリセットすることが試みられている。またその場合に必要となる本人確認についても携帯電話からPINを打ち込む方法も試みられている。

　これら一連のNFCモバイルでの試みは、GSMAの検討グループ、Pay-Buy-Mobileで中心となり、国際ブランドやEMV Co.などの関連団体を巻きこんで標準化を進めている。

索引

欧文

A
ACE Plus ……………… 37
AVS ……………………… 35

B
BankNet ……… 62, **91**, 92, 95
BIN ……… 11, 16, 107, **120**, 124
BIN 貸与 …………………… 11

C
CAFIS …………………………
　63, 93, 95, 96, 114, **115**, 116,
　117, 118, 125, 126
CARDNET ……………………
　93, 114, **115**, 116, 119, 125,
　130, 131
CAT ………………… **118**, 120
CAVV …………………………… 35
CCT ……… 115, **118**, 120, 127
CDS ………………… 130, **131**
Cirrus ………………… **95**, 96
CPD ……………………… 134
C → REX …………… 114, **116**
CVC ……… 16, 32, 35, 36, **74**, 122
CVC2 ………………… 32, 35, **74**
CVV … 16, 32, 35, 36, **74**, 122
CVV2 ………………… 32, 35, **74**

D
DCC ………………… 134, **135**
DDA ……… 73, **146**, 147, 155

E
EAL レベル 4 ……………… 145

Edy 他
Edy ……………… 150, **151**, 152
EMV ……… 7, 16, 72, 73, 74, 75,
　76, 120, 142, **143**, 144, 145,
　146, 147, 148, 149, 155, 156,
　157
ETC カード ………… 9, **14**, 16

F
Falcon …………………… 37

G
GP ネット ……… 114, **115**, 116,
　119, 126
GSMA ……………… **156**, 157

I
ICOCA ……………………… 151
ICR ………………… **103**, 106
IC カード ……… 7, 14, **16**, 32,
　33, 72, 73, 74, 75, 76, 101,
　119, 120, 140, 141, 142, **143**,
　145, 146, 147, 148, 149, 150,
　154, 155, 156
iD ……………………… **151**, 152
INFOX ……… 115, 118, **119**
INFOX-NET …… 114, **115**, 119
IRF ………………… **103**, 106

J
J-Debit ……… **97**, 99, 116, 119
JDM センター ……………… 51
JET-S ………………… 115, **119**

K
Kitaca …………………… 151

M
MDR …………………… 108
Money Transfer ………… 156
MUF ……………… **96**, 97, 134

N
nanaco …… 46, 150, **151**, 152
NFC ………………… **142**, 157
NFC モバイル ……………… 157
nimoca ………………… 151

P
PASMO ………………… 151
Pay-buy-mobile …… **156**, 157
PayPass … 142, 151, 154, **155**,
　157
PayWave … 142, 154, **155**, 157
PCI DSS ………………… 35
PIN ……………… 7, 35, 48, 53,
　56, 74, 80, 86, 109, 119, **147**,
　149, 154, 155, 157
PiTaPa ………………… 151, 152
PLUS ……………… 94, **95**, 96
POS …… 94, 109, 114, 119, 120
PRISM …………………… 37

Q
QUICPay ……… 150, **151**, 152

R
Reason Code …………… 108

S
SDA ……… 73, **146**, 147, 155
SG-T …………………… 119
SIM ……………………… 141

索引

SUGOCA ················ 151
Suica ············ 150, **151**, 152

T
TC ·················· **148**, 155
TOICA ················ 151
TTB ·················· 134
TTS ·················· 134
TypeA ············· **142**, 157
TypeB ············· **142**, 157

U
UIM ·············· **141**, 153
UVマーク ············ 69, **70**

V
VisaNet ········ 62, **91**, 94, 95
VisaTouch ········ **151**, 152

W
WAON ······ 46, 150, **151**, 152

和文

あ
アービトレーション ············ 111
アクセプタンスルール ······ 97
アクワイアリング ··· 3, 4, **6**, 39, 40, 41, 42, 44, 47, 53, 64, 67, 74, 85, 87, 124, 132
アソシエートメンバー ··· 64, 65

い
イシュアーダイレクト ········ 126
イシュイング ········ 3, 4, **6**, 15, 55, 64, 74, 85, 87
1円オーソリ ········ **123**, 127
1ドルオーソリ ·············· 123
インターチェンジシステム ··· 64, **85**
インターチェンジフィー ··· 100, 102, **103**, 105, 106
インプリンター ······ 30, 53, 100, 101, **127**

う
売上データ電文 ············ 89, **122**

え
エンボス ·························· 30, **68**, 69, 71, 81, 82, 100, 101

お
オーソリゼーション（オーソリ） ······ 6, 7, 8, 18, 19, 30, 32, 35, 36, 37, 38, 40, 62, 76, 80, 81, 82, 86, 87, 88, **89**, 90, 91, 97, 98, 100, 101, 108, 109, 114, 115, 116, 118, 120, **122**, 123, 124, 125, 126, 127, 128, 129, 134, 135, 145, 148, 155, 156
オーソリ電文 ······ 35, 89, 90, 91, 92, 93, 94, 95, 116, 119, **122**, 123, 124, 125, 126, 128
おサイフケータイ ·················· 14, **153**, 156, 157
オフライン加盟店 ······ 100, 101, 122, 127, **128**
オンアス取引 ·························· 42, 94, 107, **124**, 125
オンラインオーソリ専用デビットカード ················ 86, **100**, 101

か
カードレス発行 ·················· 14
カードローン ·················· 2, 25
貸金業法 ·················· 2, 3, 20, **21**, 24, 25, 26
貸金業務取扱主任者 ············ 24
過剰与信 ·········· 21, **22**, 23, 26
家族カード ············ 9, **14**, 16
割賦定義 ························ 21
割賦販売法 ········· 2, 3, **20**, 21, 22, 23, 26, 49, 51
加盟店管理 ··· 13, 32, 39, 40, **50**, 51, 52, 53, 55, 111, 112, 135
加盟店契約 ········ 3, 4, 5, 6, 39, **40**, 41, 43, 44, 46, 47, 48, 50, 53, 54, 55, 85, 87, 90, 105, 125, 126, 137
加盟店情報交換 ················ 51
加盟店情報交換センター ······ 51
加盟店審査 ········ **44**, 49, 51, 54
加盟店信用情報センター ······ 51

加盟店手数料…5, 40, 44, 47, 55, 102, 103, 105, **107**, 108, 137
加盟店割引料……………… 108

き
偽造………… 28, 29, **30**, 33, 37, 56, 69, 70, 72, 73, 74, 89, 122, 147
基礎特定信用情報……… **22**, 23
キャッシュアウト……………… 2
キャッシング…… 2, 5, **8**, 25, 91, 95, 97, 122, 123, 129, 133
拒否応答………………… 18, **19**
緊急カード発行…………… 83

く
クリアリング……………… 7, 8, 62, 80, 81, 86, 87, 88, **89**, 94, 120, 129, 130
グレーゾーン金利………… 24
クロスボーダー取引………… 54

け
決済代行事業者… **42**, 43, 53, 54

こ
国際デビットカード…… **97**, 98, 100, 101, 102

国際ブランド…4, 6, 7, 9, 10, 13, 16, 33, 35, 40, 41, 46, 47, 50, 54, 55, **60**, 61,62, 63, 64, 65, 66, 67, **68**, 69, 70, 71, 72, 74, 75, 76, 77, 79, 80, 81, 82, 83, 84, 85, 86, 87, 88, 89, 90, **91**, 95, 97, 98, 99, 100, 101, 102, 103, 105, 107, 108, 111, 112, 114, 118, 119, 120, 123, 124, 126, 127, 129, 130, 131, 132, 133, 134, 135, 137, 141, 142, 143, 144, 147, 148, 149, 152, 154, 155, 156, 157
国際ブランドメンバー…… 64
国際プリペイドカード …**101**, 102
個人信用情報機関……… 15, 16, **26**, 27
コ・ブランドカード………… 10
個別クレジット…………… **3**, 51
個別信用購入あっせん………… 3

さ
サードパーティ・プロセッサー …… **135**, 136
債権譲渡…………… **5**, 6, 40, 55
裁定……………………… 111
サイン照合………… **53**, 56
サブカード………**9**, **13**, 14, 16
三者間取引………………… 3

し
シー・アイ・シー…… **26**, 27
紫外線マーク………… **70**, 71
磁気カード………… **16**, 32, 74, 102, 119, 143, 145, 146, 147, 148, 149, 155
磁気データ……………… 16
指定商品・役務制…………… 21
指定信用情報機関…… 21, 22, 23, 24, 25, **26**
支払可能見込額… **21**, 22, 23, 26
住所認証システム…………… 35
少額決済………… 14, 16, **150**, 151, 152, 153, 154

上限金利…………… 21, **24**
初期与信………… **15**, 18, 98
シングルメッセージ… 8, 80, 90, 91, **123**, 134

す
スイッチカード……………… 13
スイッチングフィー… **102**, 103
スキミング………… 28, 37, **74**, 143, 146
スクリーニング………… 15
スペシャルライセンス……… 65
3D セキュア …… **33**, 34, 35, 76, 77, 78, 84

せ
静的途上与信……………… 19
セキュリティコード…………… 16, 32, **36**, 48, **74**, 81, 89, 122
接触型IC ……… **72**, **140**, 141, 155, 156
セツルメント… 7, 8, 62, 64, 86, 87, 88, **90**, **132**, 133, 134, 135
ゼロフロアリミット… **127**, 129
全国クレジットカード犯罪対策連絡協議会………………… 33

そ
総量規制…… 17, 20, **21**, 24, 25

た
代行カード………………… 11
耐タンパ性………………… 145
対面取引…………… **2**, 74, 108
立替え払い……………… 90
立替払取次業者…………… 23
店子方式………………… 43

ち
チャージバック…… 54, 76, 89, **108**, 110, 111, 127, 129
中国銀聯………… 61, **67**, 74, 95, 96, 120

て
提携カード……… 8, **9**, 10, 11, 12, 13, 69, 137
デビットカード…… 2, 3, 67, 68, **79**, 80, 81, 82, 86, 89, 90, 94, 96, **97**, 98, 99, 100, 101, 102, 105, 116, 122, 127, 128, 129, 133, 154
デュアルメッセージ …… 80, 90, 91, **122**
電子マネー……… 2, **14**, 16, 46, 142,（150）157

と
動的途上与信………………… 19
特殊文字…………… **71**, 72
途上与信…… 15, **17**, 18, 19, 32, 98, 112, 122

な
なりすまし… 28, 29, **30**, 31, 74

に
二月払購入あっせん業者…… 23
二者間取引……………… 4, 13
日本信用情報機構……… **26**, 27
認証サービス…… 76, 79, 84
認定割賦販売協会…… 21, **51**

ね
ネット決済用アカウント… **14**, 16

は
ハウスカード… 4, 8, 11, **13**, 67, 137
汎用カード…………………… 13

ひ
ビザ・エレクトロン…… 82, **100**
非接触型IC ………… **141**, 142, 153, 156
非対面取引… **2**, 33, 99, 102, 108

ふ
フィッシング……………… 28
不正検知システム……… 18, 19, **32**, 36, 37, 38
不正使用……………………
28, 29, 30, 31, 32, 33, 36, 37, 38, 55, 126, 145
ブランドフィー… 96, 102, 103, **107**
プレミアムカード…… 79, **83**, 84
フロアリミット…… 40, 89, 102, 120, **126**, 127, 128, 129, 146
プロパーカード………… 8, **9**, 10
分割………… **21**, 22, 23, 51, 52

へ
変造………… 30, 56, 74, 147

ほ
包括加盟…… **42**, 43, 44, 49, 54
包括クレジット………… 3, 51
包括信用購入あっせん 3, 22, 23
包括代理……… **43**, 44, 49, 54
保留応答…………………… 19
ボリュームフィー…… **102**, 103
ホログラム……… 35, 69, **70**, 73

ま
マークアップフィー… 96, 97,134
マエストロ………… 82, **100**
マルチアクワイアリング……… 40, **41**, 42, **46**, 47, 57, 131
マンスリークリア………… 3, **21**, 22, 23, 79, 80, 81, 98, 99

み
未着不正………………… **31**, 32

も
モニタリング………………… **17**, 18, 20, 36, 37, 38, 51, 52, 122

よ
与信………… 3, 6, 9, 10, 11, 12, 13, **15**, 16, **17**, 20, 21, 22, 23, 26, 89, 97, 98, 100, 112, 119, 122, 123, 124, 127, 128
四者間取引………………… **4**, 6

ら
ライアビリティシフト… **75**, 76, 108, 149

り
リボルビング（リボ）… 21, 22, 23, 24, 40, 80
理由コード……………… 108

※**各項目において、とくに詳しい説明のあるページを太字で示した。**

編著者紹介

山本 正行
やまもと まさゆき

ヒューレッドパッカード、インテル、マスターカード・インターナショナル（現マスターカード・ワールドワイド）、ビザ・インターナショナル（現ビザ・ワールドワイド）などを経て、現在 「山本国際コンサルタンツ」代表、関東学院大学経済学部経営学科講師、社団法人電波産業会・高度無線通信研究委員会特別委員（モバイルコマース部門）、株式会社電子決済研究所取締役などを務める。1987年東海大学工学部電子工学科卒。

執筆協力
髙田 哲也（1章、2章）／**加藤 総**（2章）

カード決済業務のすべて
ペイメントサービスの仕組みとルール

2012年 5月28日　第 1刷発行
2025年 4月24日　第18刷発行

編著者	山本 正行
発行者	加藤 一浩
印刷所	TOPPANクロレ株式会社
デザイン	株式会社ホッズデザイン

〒160-8519　東京都新宿区南元町19

発 行 所　一般社団法人　金融財政事情研究会
　編 集 部　TEL 03(3355)1870　FAX 03(3357)7416

販　　売　株式会社 きんざい
　販売受付　TEL 03(3358)2891　FAX 03(3358)0037
　　　　　　URL https://www.kinzai.jp/

※2023年4月1日より販売は株式会社きんざいから一般社団法人金融財政事情研究会に移管されました。なお、連絡先は上記と変わりありません。

本書の内容の一部あるいは全部を無断で複写・複製・転訳載すること、および磁気または光記憶媒体、コンピューターネットワーク上等へ入力することは、法律で認められた場合を除き、著作者および出版社の権利の侵害となります。

落丁・乱丁本はお取替えいたします。定価はカバーに表示してあります。

ISBN978-4-322-12122-3